DESINTOXÍCATE DE TI

DESINTOXÍCATE DE TI

21 DÍAS PARA TRANSFORMAR TU PRESENTE

Miriam Nenninger

ORIGEN

Penguin
Random House
Grupo Editorial

Primera edición: junio de 2022

Agradecimientos

Mientras escribo estas líneas, en mi corazón solo hay gratitud y alegría por estar y ser. Gracias, Dios, por sincronizar todo para la publicación de este libro. Gracias por permitirme hacer lo que más me gusta y ser un instrumento tuyo. Gracias por llenar mi vida de Ti. ¡Gracias!

Rafa, gracias por tu apoyo incondicional estos años; por siempre ver lo mejor en mí y por ser mi maestro.

Dedicatoria

———

Dedico este libro a mis hijas hermosas: mi inspiración de cada día para dar lo mejor de mi vida.

Pao, mi princesa, tu espíritu apacible, tu sonrisa, tu ternura y dulzura suavizan y aligeran mi vida. Tus expresiones de amor diarias han llenado los largos días de pandemia, transformando mi corazón y mi espíritu.

¡Wow! Cuando abres tu boca emanas sabiduría. ¡Cuánto te quiero!

Mi Tammy, mi amor precioso, tus carcajadas alegran mi corazón; ¡el entusiasmo que le pones a las cosas me inspira! Tus ocurrencias me sacan carcajadas; tus pláticas profundas, elocuentes e intelectuales me han hecho tocar mis abismos, enfrentar mis sombras y actualizar mis creencias. Eres mi gran maestra. ¡Te adoro!

Soy tan privilegiada de ser la mamá de ustedes, *twins*… He gozado verlas crecer y apreciar las jóvenes admirables en las que se han convertido. *I love it!* ¡Es como un sueño!

A mis papis queridos, Tito y Carolina, ¡los amo! Desde otro país, siempre siento su amor, su cercanía y, sobre todo, siento que sus oraciones me envuelven.

A mis adorados hermanos, Tito, Tammy, Luis, Esther y Cesia: ¡los adoro! Su amor me abraza el alma hasta acá. Tammy, te quiero mucho, qué delicia ser tu hermana. Nuestras carcajadas me sanan.

Suegrita Adriana, ¡qué belleza tenerla en mi vida!

A mis amigas bellas, ¡wow!, toda una vida. Sarita, gracias por celebrar mis carcajadas y llevarme a otro nivel. Un segundo libro que te avientas conmigo. ¡Te quiero! Elva, amiga, pocas personas conocen mi corazón como tú. ¡Te quiero! Ana Reynita, tenerte como amiga ha significado tanto para mí. ¡Te quiero! Lupita, amiga, ¡te quiero tanto! ¡Muchas historias vividas y tantas victorias celebradas!

Joy y Salvador son una caricia para nuestros corazones. Joy, me has enseñado el significado de la amistad y el sentido del placer de la vida. *I love it!*

Piratita, Carlos, has sido como un hermano en tiempos de necesidad.

A todo el viejerío de la Fundación Déjame Ayudarte, ¡gracias por disfrutar de cada curso! ¡Juntas somos más valientes!

A todas las personas que han tomado mis cursos: los tengo en mi corazón. Son mi otra fuente de inspiración.

¡Gracias! ¡Gracias!

Índice

___

Introducción

DESINTOXÍCATE DE TI, ¡Y VUELVE A ELEGIRTE!

¡Bienvenidos a mi curso de 21 días! Despertar con la sensación de un nuevo inicio me emociona; me imagino que a ti también...

A partir de hoy, todo será diferente y lo vamos a lograr con este *detox*. Te explico cómo será la dinámica de este maravilloso sistema. Lo mío es ayudarte a sanar, así que este *detox* lo diseñé pensando en ti, uniendo varias técnicas para sanar tus heridas y reprogramar tu cerebro. En mis consultas, me di cuenta de que la gente deja de experimentar dolor una vez que sana su corazón, y sin embargo, sigue estancada a nivel bioneurológico, sufriendo por sus pensamientos. Por ello diseñé esta herramienta de 21 días.

¿Sabes?, la palabra *cerebro* significa "en lo alto de la cabeza". Es un órgano que centraliza la actividad de nuestro sistema nervioso. Me gustaría iniciar nuestro *detox hablándole* al cerebro a través de un ejercicio que repetiremos por 21 días frente al espejo en voz alta a primera hora de la mañana, diez veces al mediodía y otras diez veces antes de irnos a dormir. Así lograrás que tu lenguaje esté alineado con tus palabras.

Quizá me preguntes: "Miriam, ¿y si no puedo, o no quiero, hacerlo frente al espejo?". No importa: solamente haz las

declaraciones. Está comprobado que la repetición sirve para reprogramar el cerebro: un estudio neurológico hecho en Sevilla
muestra que este método es eficaz para la memoria, ya que pone
de relieve el mecanismo que utiliza el cerebro para recordar información. El estudio se centra en los efectos fisiológicos cerebrales que produce la repetición de datos. El aprendizaje es un
cambio en la fortaleza de ciertos circuitos neuronales.

José León-Carrión, profesor de Psicología Básica de la Universidad de Sevilla, realizó un experimento con trece personas,
a las que se les pidió que aprendieran de memoria una lista de
diez palabras sin conexión entre sí. Cada sujeto leyó en voz alta
las palabras diez veces y después demostró que las había aprendido de memoria.

Cuando entrenas tu cerebro, aprendes a detectar pensamientos negativos, a sustituirlos y a dejarlos ir antes de que se
conviertan en una emoción y se manifiesten como una sensación en tu cuerpo.

El propósito es movernos de un estado emocional negativo
a un estado positivo extraordinario. De ahí la importancia de la
repetición. Este *detox* te ayudará a limpiar tu interior a través
de la sanación, la reprogramación y la integración de conceptos
y hábitos nuevos a tu diario vivir. De esta manera podrás encontrar un lugar de paz y de estima que te permita poder volver
a elegirte.

¿CÓMO FUNCIONA EL *DETOX*?

Asume el reto de comprometerte por 21 días. Este *detox* está
diseñado para que leas un capítulo por día. Cada capítulo
está compuesto por cuatro secciones:

Declaración: Esta sección tiene como objetivo hablar sobre tu cerebro.

Ejercicios: El objetivo de esta sección es generar conciencia y sanar tu alma.

Programo mi mente: Esta sección tiene como objetivo reprogramar tu cerebro. Mediante la repetición, crearemos conexiones neuronales donde se instalarán nuevos programas que te ayudarán a transformar de manera saludable tus vínculos y a cumplir tus objetivos.

Meditación: Esta sección es poderosa porque invita a generar coherencia; es decir, a que tu espíritu, alma y cuerpo se pongan de acuerdo. Hablar desde la fe nos da certeza y transforma nuestra vida. Estoy convencida de que cuando conectamos nuestro espíritu con el espíritu de Dios se abre un portal de expansión poderoso sobre nuestra existencia.

Este material está basado en mi libro *Vínculos adictivos que enloquecen y enferman* (que ya va por la segunda edición). Como siempre es bueno tener un fundamento teórico, en este libro aprenderás acerca de la PNL. ¿Qué es esta palabrita difícil y enigmática? Es un sistema de Programación Neurolingüística que te ayudará a entender cómo se reprograma tu cerebro. Serán procesos emocionales que realizaremos diariamente a medida que vayamos logrando nuestra sanidad. Esto también te ayudará a elevar los neurotransmisores del placer. Cerramos nuestro *detox* diario conectándonos con una fuente inagotable de poder y sanidad: Dios.

NOTA: Este *detox* es un programa de crecimiento personal y no sustituye al consejo profesional.

Miriam Nenninger
www.miriamnenninger.com

Día 1:

IDENTIFICA SI ESTÁS EN UN VÍNCULO ADICTIVO

DECLARACIÓN

Tengo el poder sobre mi forma de ser.
Tengo el poder sobre mi forma de pensar.
Tengo el poder sobre mi forma de sentir. Yo tengo el poder
sobre mi forma de reaccionar.
Tengo el poder para percibir como me da la gana a las
personas o las situaciones.
Está en mí crear la experiencia que quiero vivir.

¿Te ha pasado, en alguna ocasión, que no puedes poner en palabras (y, por tanto, identificar) cómo te sientes? ¿Te has fundido en el otro de tal manera que olvidaste qué quieres realmente y qué esperas para tu vida, quién eres y qué opinas? Es así como te mantienes todo el tiempo en un diálogo interno negativo pensando en el otro, en aquello que alguna vez te hizo o en las palabras que soltó sobre tu vida y que tú hiciste propias.

¿Te has estado haciendo cientos de preguntas, como "¿Vendrá?", "¿Me llamará?", "¿Con quién estará?", "¿Por qué será que no me contesta?". Cuando te das cuenta, has pasado muchas horas no solo rumiando mentalmente, sino además sintiéndote desanimado.

En este capítulo te hablaré de todas estas situaciones y realidades. Te explicaré la necesidad de poder trascender una relación o un vínculo tóxico, cómo salir de allí y cómo hacer para que dicha relación no afecte tu vínculo íntimo.

Comenzaré con las siguientes preguntas:

- ¿Estás inmerso/a en una relación que te roba la paz, que te aleja de ti y que te quita tu poder de decisión?
- ¿Dejas de ser tú cuando estás con el otro?

DEFINAMOS PRIMERO QUÉ ES UN VÍNCULO

Cuando en el presente *detox* me refiero a un vínculo, hablo de relaciones, esos lazos invisibles que unen a las personas. El vínculo es el resultado de una relación entre dos personas. Dicha conexión puede ser creada por un lazo biológico o emocional. A su vez, existen distintos tipos de vínculo: padre-hijo, pareja, jefe-empleado, hermanos, cuñados, vecinos, familiares, amigos. Puedo imaginar algunos de estos vínculos como una carretera de doble circulación; en otros casos, el camino es solo de ida, sin regreso (a este tipo de vínculo me referiré más adelante).

IDENTIFIQUEMOS DE QUÉ SE TRATA UN VÍNCULO ADICTIVO

Un vínculo adictivo es aquella relación de convivencia con el otro que te produce confusión, ansiedad, duda, miedo, inseguridad y obsesión por estar todo el día pensando si te deja o no, si está o no con otro u otra, si te quiere o no.

Estos pensamientos nublan tu mente y generan tal intimidación que logran paralizarte y provocar una alta descarga de adrenalina y dopamina en tu cerebro. Este tipo de relaciones no solo anulan tu accionar, sino que enferman tu salud. Son generadoras de un estrés crónico, de un malestar emocional que, de a poco, día tras día, deteriora tu salud física y mental hasta enfermarte y hacerte enloquecer. Este tipo de vínculo está lleno de dolor y sufrimiento, que lo convierte en un vínculo tóxico.

DIFERENTES TIPOS DE VÍNCULO

Vínculo entre padres e hijos

"Cuando un niño recién nacido aprieta por primera vez
el dedo de su padre, lo tiene atrapado por siempre".

—GABRIEL GARCÍA MÁRQUEZ

Berth Hellinger sostiene, de acuerdo con el orden del amor del que habla, que los padres dan y los hijos reciben porque los padres son los grandes mientras que los hijos son pequeños. Esto quiere decir que, para que las relaciones que conllevan amor funcionen, es absolutamente necesario que exista un orden. Esto es como la plataforma donde la relación con amor será estructurada; sin este fundamento, la relación está condenada al fracaso (cuando hablo de las relaciones con amor, me refiero a las relaciones entre padres e hijos, entre hermanos y de pareja).

Este vínculo es un lazo construido biológicamente; en caso de ser hijos del corazón (adoptados), se crea un lazo emocional.

En su libro *El difícil vínculo entre padres e hijos,* Jorge Bucay y Demián Bucay consideran que "el vínculo entre padres e hijos no es una calle de doble circulación". Explican que este vínculo tiene dos características: es asimétrico e incondicional.

Ahora bien, ¿qué significa que un vínculo sea asimétrico? Se denomina así porque es desigual y desbalanceado, pues este vínculo, que se genera en los primeros años de vida, tiene ciertas características especiales: el adulto ofrece protección, mientras el niño la busca. ¿Y por qué es incondicional? Porque el amor entre padres e hijos es un amor sin condiciones, un amor puro. Amamos así a nuestros *güercos* (como decimos en mi tierra) solo por el hecho de ser nuestros hijos. No tienen que hacer nada para ganarse nuestro amor; es un amor que perdura, que existe y que mantendremos vivo. No importa lo que los hijos hagan o digan, o si toman decisiones con las que no estemos de acuerdo. Tenemos derecho a molestarnos, incluso alejarnos, por sus comportamientos y elecciones, pero no con ellos.

Veamos el ejemplo de una persona a quien llamaremos "Rubí". La hija de Rubí decidió sostener una relación con una pareja del mismo sexo. Como mamá, esto fue muy difícil para Rubí por sus expectativas y por su sistema de creencias. Sin embargo, ella decidió amarla: eso implicó aceptarla a ella, no su comportamiento.

Esto significa que, como papás, siempre amaremos a nuestros hijos, aunque sus comportamientos y elecciones nos duelan o no estemos de acuerdo con ellos. Los amaremos, aunque no quieran volver a vernos ni nos dirijan la palabra. Pero no debemos confundir dos conceptos diferentes: 1) amar y 2) permitir.

Una madre puede decirle a su hijo: "Te amo, pero no te permito que me agredas físicamente porque llamo a la policía".

Vínculo en la pareja

"El amor no es solo un sentimiento: es también un arte".

—HONORÉ DE BALZAC

El vínculo que se da entre los miembros de una pareja es mucho más simétrico. Ambas partes ofrecen cuidados con reciprocidad, ambos tienen iniciativa y el acercamiento físico es buscado con el fin de obtener amor y seguridad. El psicólogo social Sebastián Girona enseña que es muy riesgoso vivir en pareja desde la asimetría. "La asimetría puede ser tanto horizontal como vertical [...]. En la horizontal, el principal síntoma es la distancia, tanto física como emocional. La pareja no tiene puntos de encuentro ni de contacto y, además, presenta serias dificultades para dialogar hasta de los temas más cotidianos y sencillos. Hay distancia emocional pronunciada; él o ella están más allá de lo que le pasa al otro; ya no lo afecta, ni para bien ni para mal. La asimetría vertical tiene que ver con que uno de los miembros de la pareja se sitúa sobre el otro. Se presenta una situación jerárquica, como si hubiera un jefe y un subordinado. Siempre se hace lo que el superior quiere sin importar lo que quiera, en este caso, *el subordinado*. Por supuesto, puede haber parejas que presenten ambas asimetrías, siempre con mayor presencia de una. Más allá de que la pareja presente asimetría vertical u horizontal (o ambas), la asimetría más grave es la estructural, la que le da forma y estructura, es decir, aquella que está presente desde el comienzo de la relación".

Desinstalar algo que está presente desde el principio y que forma parte de la identidad del vínculo es mucho más complejo que luchar contra algo que comenzó a ocurrir en los últimos tiempos.

Principales síntomas del síndrome de la asimetría

- **Solo uno decide el destino de la pareja:** Uno de los dos siempre decide todo, y el otro acepta pasivamente dicha situación.
- **Problemas de comunicación:** Si tenemos en cuenta que el diálogo es el oxígeno de un vínculo, una grave dificultad para dialogar puede representar un alto riesgo para

cualquier pareja. Aquí no es la excepción: solo se demanda y hay expectativa.

- **Roles fijos:** Cada uno hace determinadas cosas de determinada manera, y eso no se puede cambiar.
- **Desenganche emocional:** A ninguno de los dos le interesa cómo está el otro. Están más allá el uno del otro, y no existe conexión sentimental.
- **El juego del gato y el ratón:** Hay críticas y reproches constantes por parte de uno, que se constituye en el perseguidor, y defensa por parte del otro, quien asume el rol de perseguido.
- **Dificultades para compartir tiempos juntos y a solas:** Muchas parejas comparten excesivamente tiempo con amigos o con su familia, lo que hace que sea muy difícil que puedan encontrar momentos para compartir entre ellos.

Vínculo de amistad

"Muchas personas pasan por nuestra vida, pero solo muy pocas llegan a ocupar un gran lugar en nuestro corazón".

—ADAM SMITH

Un hermoso proverbio dice: "Hay amigos que llevan a la ruina, y hay amigos más fieles que un hermano". Seguramente en la vida te habrás encontrado con "amigos" y con "conocidos". Con esos que están en el día de la angustia, en el momento del dolor o de la pérdida. Con amigos que te motivan a ir por más, a ir por tus sueños, que hablan con el corazón y cuya palabra siempre es como un consejo de hermanos; y también con "amigos" con los que, luego de haber estado con ellos, terminas desmotivado, sintiendo que nada de lo que compartiste con ellos

los alegró, y que inclusive lo menospreciaron. Y, si bien somos seres sociales y gregarios y necesitamos hacer amigos (en el trabajo, en la universidad, en la familia, en los estudios), también necesitamos comprender que un "buen amigo" es aquel que sabe ponerse en tu lugar, que se alegra contigo, que disfruta tus logros y los festeja. Son aquellos con quienes esperas encontrarte para tomar un café y contarle de tu día, con quienes puedes abrir tu corazón y confiar. La amistad tiene un nivel de compromiso de ambas partes, y es necesario nutrirla. Por eso, hoy puedes hacer una lista de tus amigos y, de acuerdo con lo citado, verás realmente qué tipo de vínculos estás teniendo con ellos. ¿Se alegran y festejan tus logros? ¿Están contigo en un día malo? ¿Comparten una historia de vida? ¿Qué tienen en común? De acuerdo con lo que respondas, podrás saber si aquellos a quienes consideras tus amigos lo son verdaderamente. En un vínculo sano podrás abrir tu corazón sin tapujos porque, como hay amor, en este no hay envidia, rencor ni altivez, sino que te conecta con lo mejor de ti mismo y con quien puedes llegar a ser sin necesidad de aparentar ni de usar ningún tipo de máscaras. Un autor anónimo dijo: "Un amigo es alguien que lo conoce todo de ti, y sin embargo te aprecia".

EJERCICIOS

Para finalizar este día

¿Cuál de estos vínculos identificas como tu meta para trabajar en este *detox*?

_____

_____

_____

Escribe el nombre. ¿Qué te hace sentir?

_____

_____

_____

¿Cómo te hace sentir?

_____

_____

_____

Ponles nombre a las emociones poco saludables que te hacen sentir ese vínculo.

_____

_____

_____

Escribe en qué parte del cuerpo sientes cada emoción densa (negativa).

_____

_____

_____

Te invito a realizar un compromiso contigo para el éxito de este *detox*: elige una relación con la que desees trabajar. Ahora te invito a completar los siguientes espacios en blanco:

Yo, _____, me comprometo hoy _____ a trascender, a dejar los pensamientos

tóxicos y a sustituirlos por _____
(¿Qué deseas, salirte de la posición de víctima y acomodarte en tu lugar y continuar, o dejar la relación?).

Me comprometo conmigo mismo a _____
_____
_____
_____

Lo que yo verdaderamente quiero es _____
_____
_____
_____
_____

¿Qué tipo de vínculo descubriste que tienes?
_____
_____
_____

Programo mi mente

Hoy, cuando te encuentres pensando en el vínculo obsesivo adictivo que tienes (nombrar a la persona con quien sostienes ese vínculo tóxico), repite: "Esto ya cumplió su propósito en mi vida".

Y ahora te invito a hacer esta meditación:

Gracias, Señor, porque hoy veo nuevas posibilidades en mi mente. Declaro que estoy decidida a salir de esta relación y a tomar mi poder para tornarla armoniosa y pacífica. Me bendigo con amor y, desde aquí, desde el amor, decido trascenderla.

"Estar siempre dispuesto a soltar es la única posibilidad de sostener un vínculo renovable eternamente".

—JORGE BUCAY

Día 2:

CÓMO DESHACER TU
DEPENDENCIA DEL OTRO

DECLARACIÓN

Hoy me desintoxico de mí para volver a elegirme.

¿Cuántas noches sin dormir, viendo el teléfono constantemente? ¿Cuántos planes cancelados para esperar en vano que te llame? Es tiempo de ponerle fin a este sufrimiento.

Este tipo de amor te mata. Mata tu paz, tu salud mental, tu salud física, tus sueños, tus ilusiones, el hambre, el sueño, las ganas de todo; además de que te distrae de cumplir con tu propósito en la vida y, en suma, te quita las ganas de vivir.

La adicción al otro nos lleva a hacer cosas que jamás pensamos o imaginamos poder realizar: desde contratar un detective hasta enfermarnos si no estamos con ese otro a quien consideramos nuestra vida, y sin el cual pensamos que no existimos. Mira, a modo de ejemplo, este caso que comparto contigo:

Sentía como una necesidad que me quemaba y corría por todo el cuerpo más fuerte que yo. No me contestaba las llamadas. Afortunadamente, traía el rastreador en su carro, que me avisaba cualquier movimiento que hacía. Se había ido a San Francisco, California.

El rastreador me decía que estaba estacionada en una torre de edificios muy alta. Los minutos transcurrían y me

llenaba de ansiedad. No podía pensar, no me podía enfocar
en mi trabajo, así que era una urgencia saber dónde estaba.
Contraté unos drones y unos hombres para subirse por las
ventanas [...]. Finalmente, el dron localizó a la chica y le
tomó una foto por la ventana. Marie estaba de lo más rela-
jada haciéndose un facial con su amiga, la japonesa.

Adicción significa hábito, afición desmedida, dedicación o
dominación por el uso de droga, alcohol o juego. Eso es un
adicto, según la Real Academia Española, tal como escribe el
doctor Elías Baracat.[1] Sin embargo, uno no es solo adicto a
un fármaco, sustancia o alimento, etc. Uno también puede ser
adicto al otro. A ese *otro* sin el cual mi *yo* no existe. Liliana
Cancela, doctora en Neurociencia, investiga los efectos del consumo de las drogas en el cerebro humano. Ella es investigadora
y vicedirectora del Instituto de Farmacología Experimental de
Córdoba.[2] De acuerdo con la neurociencia, la adicción es una
enfermedad crónica del cerebro que va más allá de la falta de
voluntad y de la baja autoestima. La adicción al otro produce
una alteración persistente en los circuitos de motivación y recompensa cerebrales, así como en la toma de decisiones.

¿QUÉ HACE ESTA DEPENDENCIA EN EL CEREBRO?

Hace reaccionar fuera de control. Las personas no solo pueden
ser adictas al otro: a una pareja, a un ser querido, a un amigo, a
un hijo, a una mascota a quien no podemos soltar y dejar crecer.

---

[1] https://www.lanacion.com.ar/opinion/la-adiccion-a-la-etimologia-
     fantastica-nid1160628/
[2] Información obtenida de TEDx Talks.

Las personas también pueden ser adictas al consumo de ciertas sustancias que terminan enfermando su valioso ser y anulan el potencial que hay en su interior. Esta adicción produce liberación de dopamina en el circuito de placer y recompensa cerebral.

La dopamina es una sustancia que se activa en situaciones de euforia, placer, bienestar y movimiento. Es activada por las recompensas naturales humanas, como el agua, el sexo y el alimento. También se activa ante un logro laboral o profesional, como un aumento de sueldo, un gran proyecto, el nacimiento de un hijo, ganarse la lotería o, incluso, cuando recibimos un "me gusta" en las redes sociales o mantenemos una conversación oculta sostenida virtualmente.

¿QUÉ NOS PRODUCE LA ADICCIÓN?

Es una enfermedad que produce una serie de trastornos en el individuo, un aumento de motivación por la droga y una pérdida de control sobre su uso. Esto provoca una serie de comportamientos y genera crisis emocionales a nivel matrimonial, familiar, laboral y social. Afecta a los estudios, la salud, y todas las áreas de la vida. Asfixia las relaciones y termina por enloquecerte. La adicción o la dependencia se comportan como *hackers* de este circuito. A medida que voy consumiendo la droga, voy desarrollando un fenómeno de amplificación de la respuesta y de impacto sobre la dopamina. Es un fenómeno que se llama *desensibilización*. No se desarrolla solo con la droga sino con elementos asociados a esta, que por sí mismos no tienen ningún significado, sino que lo adquieren en asociación con la sustancia. Por ejemplo, una jeringa o un lugar de consumo pueden recordar la droga y producir una liberación de dopamina.

La espiral adictiva es ocasionada por dos neurotransmisores o mensajeros químicos: la dopamina y el glutamato. Este último se libera junto con la dopamina y fortalece las asociaciones de la memoria con la sustancia adictiva. Favorece la conducta adictiva a largo plazo, estimulando el impulso por consumir y promoviendo las recaídas de los individuos que intentan dejar la droga.

Te explico lo anterior porque eso mismo sucede cuando nos *enganchamos* con el otro. Recuerdo una paciente que llegó a mi oficina con su hijo, quien tenía los ojos desorbitados por estar bajo la influencia de la droga. Dos horas más tarde recibí a una mujer quien me relataba el insomnio que sufría por esperar a que su pareja le contestara. Vi en sus ojos la misma mirada desorbitada que la del joven adicto. La diferencia es que ella no estaba bajo el efecto de ninguna droga externa, sino que era el resultado de la bioquímica del cerebro al vigilar y rastrear a su esposo durante la noche.

Desde mi experiencia, defino lo que he ido concluyendo:

La codependencia es una enfermedad bioquímica que afecta al cerebro, al alma, al espíritu y al cuerpo. Crea una vulnerabilidad emocional causada inicialmente por un trauma infantil y por una fragmentación del vínculo materno durante la primera infancia.

Los codependientes suelen ser personas emocionalmente desvinculadas, desconectadas de su bienestar, hasta el punto de poner en riesgo su salud mental, física y espiritual. Tienden, en la mayoría de los casos, a ser desbalanceados en su manera de amar.

La adicción bioemocional es un apego a la obsesión y a la compulsión, una tendencia a enlazarte a los programas mentales y a cobijar los pensamientos y emociones que producen cambios bioquímicos en el cerebro y en el cuerpo. Desarrolla una dependencia del apego. De repente, te encuentras enredada emocionalmente con otra persona. Te pierdes por querer que te quieran; entras en un tipo de trance mental. Vives una relación sin límites, sin acuerdos, en la que permites maltrato físico, infidelidades, amenazas. Vives sin pensar. Solo vives desde el miedo a quedarte solo o sola, de manera silenciosa.

CÓCTEL DE HORMONAS

Cuando nos enamoramos, el cuerpo libera una combinación de hormonas, como la noradrenalina y la dopamina, que nos causa el mismo estado de alerta provocado por la cocaína. A esto se le añade una dosis de oxitocina, la hormona del apego, que es la que nos hace continuar pegados a nuestra pareja en el largo plazo. Según el profesor Klaus Grossman, de la Universidad de Ratisbona, la atracción sexual y emocional es inmediata y funciona antes de que la otra persona responda.

Los pensamientos y el deseo sexual se pueden volver obsesivos, lo que provoca más dopamina. La dependencia emocional surge, y se vuelve tóxica. La alegría de la pareja se transforma en sufrimiento, tristeza y ansiedad.

Y así es cómo comienza a generarse el circuito de la víctima. Te sientes triste, te comparas con otros, tienes miedo de que aquella persona deje de quererte, se vaya y no regrese. Te llenas de desaliento, soledad, ansiedad y depresión. Ahora bien, ¿qué sucedería si te dijera que todas estas emociones son programaciones aprendidas que están en la sinapsis, creando conexiones neuronales que son como surcos carreteros que estableciste? Se puede salir de este diálogo interno lleno de miedo, tristeza y soledad, que te coloca en un lugar de victimización al ser adicto al otro.

Me gusta la definición que da Stephanie Brown sobre la adicción: "La pérdida de control es la inhabilidad para dejar de estar con el otro, dejar de beber, de drogarse, de comer, de apostar, de manipular/controlar, de ser infiel, de actuar obsesivamente".

Se trata de una dependencia bioemocional del otro. Esta conexión se convierte en un vínculo compulsivo en el que te descubres atrapado. El objetivo de este vínculo compulsivo adictivo es convertirse en tu mejor amigo, en tu amante. No es más que un demonio que te lleva a la destrucción, ya que la adicción se convierte en una pérdida de ti misma o de ti mismo.

Para dejar de depender de otros, primero hay que regresar a casa, a tu interior y reconstruir tu verdadero yo. Emprender el camino hacia tu interior consiste en dejar ir el falso yo y dejar salir al yo real. Es más fácil culpar a los demás de lo que te pasa —tu enojo, tus reclamos, tu pesimismo, la soledad y los comportamientos que has automatizado— que hacerte responsable de tu propia vida. Necesitamos salirnos del lugar de víctimas para pararnos en un lugar de poder y de dominio propio. El yo real es la hermosa fuerza interna que te impulsa hacia adelante; es lo que realmente eres, sientes y crees.

Esa es la esencia que tienes muy guardada y que te invito a visualizar; tú primero antes que los demás. Me la imagino como el corazón de la cebolla, que está debajo de numerosas capas formadas por los mecanismos de defensa que hemos construido a lo largo de la vida para defendernos del dolor, el maltrato, el rechazo, la vergüenza, el miedo y esa impresión de sentirnos inadecuados. Sin embargo, hoy puedes cambiar tu historia. Declara en voz alta:

"Hoy, con una nueva revelación, transformo el vínculo compulsivo en un vínculo sano para mi vida".

Quisiera utilizar lo que Alejandra Llamas plantea en su libro *El arte de conocerte*, para explicarte cada una de estas capas; es decir, cada parte del ego que forma al falso yo. Esta autora caracteriza al ego como un ser pequeño que en todo momento nos engaña para hacernos creer que "somos él". Sin embargo, es la representación de nuestro propio desamor, es el poder de nuestra mente utilizada en contra de nosotros. Pretende ser el campeón cuando, en realidad, destruye y minimiza nuestra esperanza y nuestros sueños.

El ego es un fragmento que se ha apoderado de nuestra realidad espiritual; siempre se autojustifica manteniéndonos mal.

Nos hace creer que somos más.
Nos hace creer que somos menos.
Hoy descubro que no soy yo: es mi ego.
Hoy descubro que aquello con lo que me vinculo
es creado desde el ego.

Repite la frase: "Soy lo opuesto al ego, soy el antídoto del ego. Soy amor porque el amor de Dios está dentro de mí".

Deepak Chopra dice: "El adicto busca en los lugares equivocados, pero va detrás de algo muy importante, y no podemos permitirnos ignorar el significado de esa búsqueda". De allí que lo primero que te invito a hacer es a encontrarte contigo mismo y ver todo el maravilloso potencial que tienes en un interior para no ser adicto a nada ni a nadie. Ten en cuenta que el sufrimiento también es una forma de adicción que no mereces. Tú tienes el verdadero dominio sobre tu vida. Solo tienes que comenzar a ejercerlo y renunciar a ser la marioneta de otro. Naciste con destino y propósito. Hazlo valer: es tu vida.

EJERCICIOS

Vayamos a la parte práctica

Escribe con qué persona identificas que has desarrollado un vínculo adictivo compulsivo obsesivo, que será tu meta para transformar en este *detox*:

_____

_____

_____

_____

Escribe lo que el ego te hace creer:

_____

_____

_____

Escribe lo opuesto de lo que escribiste utilizando palabras positivas:

_____

_____

_____

_____

¿Qué tal si no eres lo que has creído? ¿Quién es tu verdadero yo sin capas?

_____

_____

_____

_____

Programo mi mente

Repite conmigo estas frases: "Hoy me encargo de mí", "Regreso a mí", "Vuelvo a mi poder".

Hoy, cuando te encuentres con un pensamiento negativo, sustitúyelo mentalmente por: "Esto no es mío, es del ego. Yo soy amor porque el amor de Dios habita en mí".

Y ahora te invito a hacer esta meditación:

Señor, mi vida es en la Tierra como en el Cielo.

Tú eres un Dios de luz; lléname de ti, de tu luz, de tu amor.

Inúndame con tu presencia, con tu paz.

Gracias por amarme; gracias porque hoy iluminas mi mente, mi corazón, mi interior y me haces darme cuenta, a través del amor, de que te necesito.

Tu amor en mí desvanece todo ego.

Te doy mi ego y te pido que con tu amor descombres capa por capa hasta sanarme.

Renuncio a la adicción de dependencia emocional.

Renuncio a mi dependencia emocional de _____.

Renuncio al control, a la compulsión, a la manipulación, a sentirme solo con miedo.

Declaro que tu amor y tu paz me llenan y me son suficientes.

Declaro que por tu gracia soy transformado/a, liberado/a en el nombre de Jesús.

Día 3:

CÓMO SALIR DE ESA RELACIÓN DONDE SIGUES ATRAPADO

DECLARACIÓN

Hoy hago un rompimiento en mi programación mental y decido programar mi mente para la libertad y la grandeza.
Hoy transformo mis vínculos de manera saludable.
Hoy soy libre.
Hoy creo mi nueva realidad.

¿Te has preguntado por qué sigues atrapado en esa relación? Nos hemos hecho un cuento mental de por qué seguimos en esta relación, pero déjame que te cuente el verdadero cuento.

Me encanta que, mientras lees estas líneas, estás descubriendo las trampas en las que nosotros mismos quedamos inmersos, como en una telaraña de la cual debemos salir para llegar a ser personas libres y felices. Te invito a ver con cuál de estas trampas te identificas.

Aquí aplica la relación que hayas elegido como meta a alcanzar en este *detox*. Puedes tener un vínculo complicado con tu pareja, tu mamá, algún familiar, un hijo, un jefe, ciertos amigos, tu mascota. Pero aquí nos referiremos especialmente a esa persona sin la cual sientes que no puedes ser tú mismo/a, que todo pasado fue mejor y que nada ni nadie podrá igualarlo ni superarlo. El tema es poder trabajar sobre la construcción personal para luego aprender a relacionarnos sanamente con los otros. El hecho es que no se trata de alejarse de las personas, a menos que estas sean tóxicas y perjudiciales para tu vida, sino de posicionarse desde un lugar de igualdad, de pares, ni arriba ni abajo de nadie. La pareja está en igualdad de posiciones, y ese es el orden del amor.

A) PENSAMIENTO MÁGICO

Has pensado en que no lo dejas porque volverá a ser como antes. Este tipo de pensamiento tiene que ver con nuestros ideales de perfección que no ocurren en la realidad, sino que son pensamientos ilusorios que nosotros mismos producimos y que nos mantienen atrapados. En tu percepción emocional hay una distorsión de la realidad.

Es como si dentro de tu mente tuvieras una foto de tu pareja con una imagen feliz, y cada vez que te imaginas esa foto conectaras con la emoción de ilusión. Esta asociación produce un cóctel bioquímico de oxitocina (la hormona del amor) y dopamina (la hormona del placer) en tu cerebro. De acuerdo con la neurociencia, la oxitocina producida por tu cuerpo también se encarga de regular la duración de los recuerdos y de provocar un pensamiento mágico ilusorio. *Ilusión* se refiere a una "percepción o interpretación errónea de un estímulo externo real"; o sea, es la interpretación errónea de la realidad al evocar el placer y la alegría que un día sentiste, o que creíste volver a tener de nuevo con esa persona.

B) EVOCAR (VIVIR EN EL PASADO)

Es como vivir dentro de una cápsula del tiempo. Cuando la persona evoca, recuerda, revive, rememora y trae a la memoria algo que se alimenta de la idea de que en el pasado todo fue mejor, y de que algún día todo volverá a ser lindo, romántico y feliz, como antes. Quienes viven atrapados en esta idea continúan en la relación invocando el amor que sintieron al principio. Se quedan evocando por muchos motivos.

Ruth, una cliente, me comentaba: "Miriam, era tan feliz con Peter... superlindo, cariñoso y fiel. Y sigo esperando que vuelva a ser como antes".

Le pregunté hace cuánto estaban juntos, y me contestó que veinte años. Agregó: "Él me tiene que querer como al principio". Ruth no se da cuenta de que la vida le está pasando, y la otra persona no cambia y no quiere querer.

"La obsesión implica que el amor se vuelve insaciable en la relación. Uno de los miembros de la pareja nunca está satisfecho con su relación, no puede hacer nada sin su pareja y demuestra una gran dependencia".

—WALTER RISO

Jenny, otra cliente, me dijo: "Miriam, ayúdanos a que él me vuelva a amar. Yo lo ayudé, le pagué su rehabilitación, le pagué unos cursos de inglés. Lo ayudé a sacar una licencia de soldador, lo ayudé a bajar de peso, le cambié la apariencia. Sigo esperando que me quiera como antes".

Si no puedes soltar los recuerdos, todo lo que tienes por delante estará atado a un pasado que te anula, te limita, y que no te permite alcanzar tu meta ni realizar tus sueños.

A continuación, te explico este poderoso proceso: al recordar, el cerebro produce una hormona llamada *dopamina*, la cual es el neurotransmisor del placer y de la recompensa. Responde a hechos o conductas placenteros, y hace que repitamos la conducta que nos da motivación y felicidad. Está encargada además de guardar recuerdos. Se graban en el hipocampo, se almacenan en la corteza prefrontal, y se crea un circuito de conexiones neuronales que reaccionan ante un estímulo como una escena, un olor, una canción, etc. Entonces, te das cuenta de que estás enamorado/a de una idealización, de un pensamiento que ha producido solo ilusión, que solo existen en tu mundo mental pero, afuera, en la realidad, no hay nada. Nuestra mente teje historias llenas de fantasías que producen ciertos neurotransmisores que hacen que nos enlacemos. Y allí, en nuestra vulnerabilidad, se instalan los velos mágicos, una especie de antifaz que te impide ver la realidad. Su función es mantenerte en una ceguera espiritual y emocional. Pero el pasado es eso: pasado. Podemos recordar esos momentos hermosos del pasado, pero necesitamos salir de ese entretejido que armamos para vivir nuestro hoy, para proyectarnos hacia el lugar al que queremos llegar.

C) LA BIOQUÍMICA DEL CEREBRO

Sigues estancado en esa relación, enloqueciendo solo por la gratificación que experimentas, y que a la vez es producto de los pensamientos obsesivos que producen dopamina y noradrenalina, y que son detonadores de las compulsiones. La obsesión es la barrera psicológica que no modifica la razón. La obsesión es el proceso que mantiene una idea fija, permanente en sus características. La obsesión depende de la dopamina y de la noradrenalina; se inicia con compulsiones de la amígdala cerebral y se recicla en los ganglios basales. Se aprenden en el hipocampo y se retroalimentan con la producción de pensamientos. "Los pensamientos obsesivos son aquellos que, aunque también aparezcan de forma intrusiva en nuestra mente, generan un elevado grado de ansiedad y malestar por la creencia de que pudieran ser ciertos. Interfieren de forma significativa en la vida de la persona y, a menudo, surge la necesidad de neutralizarlos para que la ansiedad cese. Somos conscientes de que esto es irracional, pero la posibilidad de que pueda ser cierto genera un elevado grado de ansiedad, interfiriendo en el día a día".[3]

D) POR MIEDO

El solo hecho de pensar en quedarte solo te conecta con la herida del abandono que sufriste de niño, y desde ahí reaccionas y vives de forma trágica la idea de cómo sería tu vida sin esa persona…

- Por miedo a quedarme solo/a.
- Por miedo a criar solo/a a los hijos.
- Por miedo al hecho de que nunca has trabajado.
- Por miedo al divorcio.
- Por miedo a fracasar.
- Por miedo al qué dirán.
- Por miedo a dejar a los hijos sin su padre o su madre.
- Por los acuerdos contigo mismo/a de no repetir tu historia con tus hijos y no permitir que crezcan sin uno de sus padres. En algún momento te perdiste y permitiste maltrato con tal de cumplir con tal acuerdo. Pero permíteme decirte que a tus hijos no los alejarás de su padre o madre. Aquí se trata de ti, de tu salud mental y física.

---

[3] https://www.cerebetiapsicologospinto.com/2019/10/21/que-son-los-pensamientos-obsesivos-y-como-gestionarlos/

Por eso hoy te recuerdo tu grandeza: eres un adulto lleno de posibilidades y recursos tanto emocionales como espirituales. El que está lleno de miedo es tu niño interior, y no tú como adulto. No te dejes atrapar por esos pensamientos que te hacen creer en alguien que ya no eres.

Recuerda todos tus poderes: tu poder para trabajar, tu poder para manejar, tu poder para conducir tu vida. Eres un lienzo en blanco, a punto de pintar con tu mejor arte. Eres valiente, eres un ser de luz, eres una persona amorosa, llena de fuerza y esperanza que, mientras lee estas líneas, se está llenando de fe y esperanza en que todo va a salir bien. Sabes que Dios va adelante de ti abriendo camino donde no hay y, mientras caminas, se abren nuevas posibilidades de bienestar para tu vida. Estás por vivir un milagro. La vida está frente a ti.

EJERCICIOS

Vayamos a la parte práctica

Cada vez que te encuentres con pensamientos mágicos que alimenten la ilusión, puedes declarar: "Esto ya cumplió su propósito, lo que deseo en mi vida es…". Puedes decirlo las veces que consideres necesarias.

Programo mi mente

Cada vez que te encuentres evocando el pasado, repite: "Eso ya cumplió su propósito en mi vida; lo que ahora quiero es (escribe en los espacios en blanco lo que sí quieres: paz, estabilidad, certeza, bienestar, alegría, vivir plenamente y en libertad): _____

_____

_____

_____ ".

Cuando te encuentres produciendo pensamientos obsesivos repetitivos, di: "Tengo la capacidad de cambiar mi realidad y mejorarla".

Ahora te animo a que puedas mirar en tu interior:

¿En qué trampa mental te mantiene esta relación tóxica?

_____

_____

_____

¿Por qué?

_____

_____

_____

¿Qué descubriste?

_____

_____

_____

Y ahora te invito a hacer esta meditación:

Señor, gracias por amarme, por acompañarme hasta aquí. Hoy me desato de todas las ataduras que se desarrollaron en mí.

Me desato del pensamiento mágico, de evocar el pasado, de todo velo mágico, del miedo a quedarme solo/a. Si te tengo a ti, nada he de temer. Si tú estás conmigo, ¿quién estará en contra mía?

Quiero vivir en libertad y plenitud. Decido cambiar el sabor que me ha dejado esta relación. Estoy lista para saborear las delicias que tienes preparadas para mí.

Declaro que, a partir de hoy, dejo de estar en espera, que me muevo a la vida y abro mis brazos como símbolo de un nuevo comienzo en mi interior.

Día 4:

DESHACIENDO LAS TRAMPAS DEL EGO

DECLARACIÓN

Hoy enruto mi *Google maps* interno hacia mí
y hacia mi propósito en la vida.
Hoy declaro que la inteligencia emocional fluye en mí
y me da la habilidad para manejar mis emociones.

Necesito que me necesiten y necesito necesitar.
Atte., el ego.

El ego me hace creer que, si no lo hago yo, nadie lo hará. Y, muchas veces, queriendo o no, actuamos con un ego tan grande que nos hace pensar que nadie más podrá hacerlo como nosotros. Otros piensan que son el ombligo del mundo, y que sin ellos el mundo dejaría de funcionar, sin saber lo que este tipo de conducta produce en la propia persona y en aquellos que la rodean.

¿Estás listo para conocer la otra cara de la dependencia?

YO SOY NECESARIO

Algunos hombres y mujeres tienden a convertirse en rehabilitadores de "hombres y mujeres buenos pa' na" (no estoy generalizando; me refiero a un cierto tipo de persona). El adjetivo *ególatra* califica a la persona que muestra una veneración exagerada hacia sí mismo. Una persona ególatra piensa que sin ella/él, el otro no vivirá. No sé si es el instinto materno, el síndrome de Teresa de Calcuta o, literalmente, sentirse el mismo Señor Jesucristo, pretendiendo ser rescatadores y redentores de la humanidad.

Es increíble la manera en que algunas mujeres tienden a *oler* a estos personajes desde lejos. Los reclutan a distancia, como si trajeran un chip interno con el que atraen, a través del radar, a este tipo de hombres, como si salieran en busca de flojos, infieles, manipuladores, alcohólicos, abusadores emocionales, mentirosos, adictos al juego, a la droga, etcétera.

Cuando conoces a alguien así, te dices: "Es superlinda persona; tiene mucho potencial. Yo le voy a ayudar a que deje de beber, a que deje de fumar, a que deje de trabajar tanto. Le voy a ayudar a conseguir trabajo porque es superinteligente". Por el programa mental interno que traes de rescatador/a, lo haces súper. Lo planeas con estrategia: "Lo voy a llevar a la iglesia para que se reencuentre con Dios, lo voy a mandar a un retiro, lo voy a llevar a terapia para que se rehabilite, lo registro en el *detox:* Desintoxícate de ti, ¡y vuelve a elegirte! Lo voy a llevar a los cursos para que se perdone y restaure su relación con sus padres". Le prestas dinero para que emprenda un negocio, le compras ropa nueva, le cambias la apariencia, le compras un auto y piensas: "Si lo rehabilito y lo ayudo, no me va a dejar".

Estas mujeres tienen el Síndrome de Wendy, encantadas con los eternos Peter Pan. Hombres que tienen miedo a crecer y viven en el País de Nunca Jamás, que sueñan y nunca aterrizan. De igual manera sucede con los hombres que buscan mujeres con el Síndrome de la Bella Durmiente, esperando a que despierten de su profundo sueño emocional para rescatarlas. Son mujeres niñas en busca de un hombre que llegue montando a caballo y las rescate.

¿Y qué crees que sucede? Cuando él/ella mejora, pierdes el rumbo y no sabes qué hacer. Internamente, sientes miedo a quedarte solo/a y temes el abandono. Sientes que ya no te necesitará. Probablemente has conocido a alguien que estuvo en una relación con un adicto por años y, en cuanto este se recuperó, la relación terminó porque se aniquiló su sentido de sentirse necesario.

La pareja no sabe qué hacer. Pierde su brújula. Es como si su *Google Maps* integrado se enrutara hasta encontrar a otra pareja que se deje dominar/domesticar, o bien alguien que lo salve. El tema aquí es darnos cuenta de que esa persona te ama por lo que haces por ella, no por lo que tú eres. Por eso es que necesitas volver a mirarte y que tu ego pueda ayudarte a creer en la persona maravillosa que eres. El reto es aprender a relacionarte con los demás sin dirigir, sin ayudar, sin rescatar, sin cuidar. Sabrás hacerte cargo de ti porque has satisfecho el hambre de hambres que hay en tu interior. Te has llenado de ti y, desde ahí, desde tu ámbito, te manejas haciéndote responsable solo de ti. Este sentimiento de sentirse necesario termina cuando te planteas dos preguntas:

1) ¿Te quieren por quien eres?
2) ¿Te quieren por lo que haces por ellos?

Las personas deben quererte por quien eres,
y no por lo que haces.

Estos adultos aprendieron desde niños que, haciendo cosas por el otro, podían lograr que los quisieran y los necesitaran. Hoy necesitas desechar esas creencias erróneas y volver a crearte. Cuando configuras tu identidad sobre la base de lo que haces, terminas agotado/a e insatisfecho/a porque pretendes ser la madre perfecta, el padre perfecto, la Mujer Maravilla, Superman, la perfecta ama de casa, el esposo perfecto, el mejor hijo, el mejor empleado/a, el mejor hombre o mujer de negocios, la mejor hija, la esposa perfecta, etc. David Hawkins sostiene que el ego no es un enemigo que tenga que ser sometido, sino una compilación de hábitos de percepción no examinados. Quizás sea tiempo de detenernos y dirigir una mirada introspectiva para poder sanarnos y no llevar a cuestas mochilas y vidas que no nos pertenecen. Hawkins afirma: "A medida que nos acercamos al descubrimiento de la fuente de la tenacidad del ego, realizamos el asombroso y crítico descubrimiento de que estamos enamorados de nuestro yo. El ego ama secretamente la posición de víctima y se aferra a ella, extrayendo un placer distorsionado y una sombría justificación del dolor y el sufrimiento".[4] Lo que en un principio te hacía sentir un superhéroe o una heroína de película, termina convirtiéndose en una pesada carga que llevas a cuestas y que nadie curará.

> "Dentro de mí hay alguien que es mucho más
> Yo Mismo que yo mismo".
>
> —SAN AGUSTÍN

Érase una vez un científico que descubrió el arte de reproducirse a sí mismo tan perfectamente que resultaba imposible distinguir el original de la reproducción. Un día se enteró de que andaba buscándolo el Ángel de la Muerte, y entonces hizo doce copias de sí mismo. El ángel no sabía cómo averiguar cuál de los trece ejemplares que tenía ante sí era el

---

[4] Hawkins, David. R. (2020) *Disolver el ego. Extractos de las enseñanzas de David R. Hawkins.* Editorial El Grano de Mostaza.

científico, de modo que los dejó a todos en paz y regresó al Cielo. Pero no por mucho tiempo porque, como era un experto en la naturaleza humana, se le ocurrió una ingeniosa estratagema.

Regresó de nuevo y dijo: "Debe de ser usted un genio, señor, para haber logrado tan perfectas reproducciones de sí mismo; sin embargo, he descubierto que su obra tiene un defecto, un único y minúsculo defecto".

El científico pegó un salto y gritó: "¡Imposible! ¿Dónde está el defecto?".

"Justamente aquí", respondió el ángel mientras tomaba al científico de entre sus reproducciones y se lo llevaba consigo.

Todo lo que hace falta para descubrir el ego es una palabra de adulación o de crítica.[5]

El ego, una palabra tan corta, de solo tres letras, pero que encierra tanto poder… Eres un ser normal con defectos y virtudes, lleno de aciertos. "El ego es una víctima de sí mismo. Con una introspección rigurosa se descubre que, en realidad, el ego solo está montando un alboroto para su propia diversión, juego y supervivencia. Quien sale perdiendo es el verdadero tú".[6]

[5] https://www.facebook.com/Historiasqueayudan/posts/577919652239712/

[6] Hawkins, David. R. *op. cit.*

EJERCICIO

Vayamos a la parte práctica

Cada vez que te encuentres con pensamientos y con acciones encaminadas a dirigir, resolver, rescatar y cuidar, repite esto: "Ya no quiero esto en mi vida".

Lo que sí quiero es:

_____

_____

_____

Con amor lo tomas de la mano y lo/a regresas a su ámbito y te dices: "Yo no me encargo de ti. Ya no necesitamos eso en nuestra vida". Lo que sí quiero es (escribe en los espacios lo que si quieres para tu vida: calma, paz, amor etc.): _____

_____

_____

_____ ".

Programo mi mente

Cuando tengas la tentación de sentirte necesario/a, puedes repetir: "Esto no es amor. Lo que yo quiero en mi vida es tener a una persona que me ame por lo que soy, no por la persona que represento".

Decláralo las veces que sean necesarias en el día. Cuando te encuentres con comportamientos relacionados con dirigir, resolver, rescatar, solucionar y cuidar, te imaginas a tu niño/a interior.

Y ahora, te invito a hacer esta meditación:

Decreto que soy una persona que ama desde el amor sano, puro, bueno, libre; que no impone, no controla y no manipula. Soy una persona que se ama y ama, que vive y que deja vivir.

Agradezco la conciencia de lo que me está pasando. Bendigo mi vida con la determinación de generar vínculos sanos con la gente que amo. Me bendigo con la capacidad para fluir en amor en armonía y permitirme ser vulnerable.

Me bendigo con nueva esperanza, con nueva posibilidad de volver a elegirme a mí mismo. Me bendigo con auto cuidado, con amor, con compasión a mí mismo.

Día 5:

———————

LA RAÍZ DE LA CODEPENDENCIA: HIJOS QUE SE SIENTEN PADRES DE SUS PADRES

DECLARACIÓN

Sentirme bien está en mí; soy total responsable de mi vida. Tomo con amor el poder de crear el futuro que deseo.

¿QUÉ SUCEDIÓ EN TU INFANCIA?

En este día te explicaré cómo se forma la dependencia emocional. Recuerda cuando tu mente escucha y comprende una explicación: dice: "¡Aaaaah!" y cambia de página. Aquí ayudaremos a tu cerebro a entender. Seguramente, al comenzar a leer estas páginas, podrás darte cuenta de muchas actitudes que hoy tienes y de las que no sabías desde cuándo han convivido contigo. Para eso tenemos que remontarnos a nuestra infancia. Se supone que, en la edad adulta, en muchos casos, cuando nuestros padres envejecen, los hijos se convierten en cuidadores de quienes, en nuestra infancia, les brindaron todo su cuidado. Sin embargo, esto no debiera ser así en una edad temprana.

No todos los seres humanos han crecido en un ambiente feliz y placentero. A muchos niños les ha tocado vivir y crecer en ambientes difíciles, a veces hostiles; en familias disfuncionales donde los roles de sus padres estaban cambiados. Probablemente, la mamá ejercía el rol del papá o viceversa; puede ser también que el padre o la madre se comportara más como un hermano que como un adulto mayor, y los hijos tuvieron que asumir el rol de padres.

En ciertas familias disfuncionales no se permitía hablar y, por tanto, no existía el diálogo. Otras eran demasiado rígidas; en otras, los límites no eran claros, y no había ni orden, ni horarios ni disciplina.

Otros niños quizás crecieron en familias monoparentales, ya sea porque uno de los dos padres falleció o, simplemente, porque nunca más se hizo presente. Familias donde uno de los padres tenía comportamientos compulsivos o adictivos. Familias donde los hijos presenciaron escenas donde ambos padres se recriminaban infidelidades, donde el maltrato reinaba entre las partes… Padres ausentes, padres con trastornos neurológicos… Es decir, hay distintos tipos de hogares en los que pudiste haber crecido, y hoy tal vez te preguntes quién verdaderamente eres, pues no quieres repetir el modelo de crianza vivido sino hacer una nueva historia. Pero, para eso, hay que ir al punto de partida, y luego hacer los cambios necesarios para llegar al punto nuevo de donde quieres comenzar.

VEAMOS ENTONCES SI FUISTE (O NO) UN HIJO PARENTIFICADO

¿Qué es un hijo parentificado? Es aquel hijo que adquiere un rol de poder y autoridad que no le corresponde dentro de la familia. Son niños que desde pequeños asumieron mucha responsabilidad. Quizás se enfrentaron a un mundo confuso, con alto nivel de desorden familiar. Imagínate la realidad de un niño de siete años que llega a su casa y se encuentra con las cortinas cerradas y a su mamá que ha dormido todo el día, por estar inmersa en una depresión crónica. O piensa en aquellos niños cuya madre tuvo que salir a trabajar y a quienes el padre abandonó. Son niños que piensan en cómo ayudar a su mamá, ya sea saliendo a trabajar desde pequeños para llevar dinero a la casa, o cuidando a sus hermanos, y se convierten en hijos-madre o hijos-padre.

Berth Hellinger dice que, para que fluya el amor en la familia, el orden del amor es que los padres son los grandes y los hijos son los chicos.

El hecho es que estos niños aprenden a postergar sus necesidades. ¿Cuáles son las necesidades de un niño de siete o diez años? Jugar, jugar y jugar. Sin embargo, estos niños se convierten en *adultitos*, y no tienen tiempo de reír, jugar ni comportarse como niños. Son niños a los que les tocó ir a sacar a uno de sus padres de la cantina; les tocó buscarlos y cuidar de que no bebieran. Son hijos a los que les tocó andar con la mamá para espiar a su papá y seguirlo a la casa de su amante. ¿Dónde quedó la posibilidad de ir a un parque acompañado de sus padres? Quedó solo en una linda serie de televisión que jamás vivieron.

NIÑOS ADULTITOS

Estos niños tuvieron que tomar el control de la casa en medio del desorden.

Se esfuerzan por ser buenos, obedientes, y complacientes. Lo que menos quieren es que se enojen con ellos. Imagínate el escenario de estos niños estresados, asustados, enojados, callados, reprimidos y con miedo. Muchos de ellos se hacen pis en la cama (enuresis) debido a la ansiedad que les provoca un ambiente de inseguridad y miedo.

La manera que tienen los niños de canalizar su dolor es somatizar. Recuerda que estos niños aprenden a no hablar de sus emociones ni de cómo se sienten. Desde niños, ellos mismos construyen un camino en el que van poniéndose bloques, con los que van tapizando su camino al maltrato en la edad adulta.

Cuando crecen y se convierten en adultos, son personas muy responsables, leales, buenos trabajadores, acostumbrados a esforzarse por cada centavo que ganan.

Si sus jefes les piden algo cinco minutos antes de la hora de salida, se quedan a hacerlo. Ponen su trabajo por encima de sus compromisos familiares. Solamente hacen lo que de niños aprendieron y, de adultos, se convierten en adultos niños obedientes. Son adultos que no saben decir "no", que carecen de límites. No saben dónde termina su espacio y dónde empieza el del otro. Crecieron sin reglas en la casa.

Estos adultos niños obedientes son candidatos a tener jefes y parejas abusadoras. Aprendieron a someterse y a callarse cuando eran niños. De adultos buscan relaciones complicadas y, por su vulnerabilidad emocional, son presa fácil de hombres o mujeres perversos, sagaces y manipuladores.

Ella pensaba: "Si me callo y no le contesto, se le va a pasar el enojo". Al día siguiente, él aventaba cosas en la casa cuando no encontraba lo que buscaba, y ella solo parecía una sombra. Hablaba, caminaba despacito para no hacer ruido ni bulto para no darle un motivo más de enojo. Él abusaba de ella, la maltrataba, la avergonzaba. Se le hizo costumbre no llegar a dormir por lo menos una noche a la semana.

En una ocasión en que Jimena le preguntó: "¿Qué pasó? ¿Por que no llegaste a dormir? Los niños se quedaron esperando para darte un beso". Él se levanto de la mesa y se fue indignadísimo, gritándole que en esa casa no se podía desayunar en paz.

Ella hacía lo que había aprendido a hacer desde niña: obedecer, esforzarse, sacrificarse, portarse bien, no hablar y postergar sus necesidades. Pensaba que, de esa manera, él estaría contento y no la dejaría. Los años pasaron, y él la dejó.[7]

EJERCICIOS

Vayamos a la parte práctica

¿De qué te das cuenta? Escribe tu experiencia de haber sido un hijo parentificado.

_____

_____

_____

_____

¿Cuáles de tus necesidades pospusiste en tu infancia?

_____

_____

_____

Y ahora, de adulto, ¿cuáles son las necesidades que sigues posponiendo?

_____

_____

_____

_____

---

[7]   Nenninger, Miriam (2016). *Vínculos adictivos que enloquecen y enferman.* Grupo Caas.

¿Qué querías hacer que no pudiste lograr?

_____

_____

_____

_____

¿De qué te quedaste con ganas cuando eras niño/a? Esto se conecta con lo que escribiste acerca del hambre que hoy sientes en tu vida.

_____

_____

_____

_____

Niño adultito

Ahora que eres adulto/a, ¿de qué te enfermas?

_____

_____

_____

_____

¿Aprendiste a somatizar desde niño/a?

_____

_____

_____

_____

Adulto niño obediente

¿Qué programas mentales aprendiste de niño que ahora, como adulto, siguen actualizándose?

_____

_____

_____

_____

¿Qué conductas aprendiste de niño y hoy reproduces como adulto?

_____

_____

_____

Cuando te encuentras frente al caos emocional en tu casa, círculo social o de trabajo, ¿tiendes a tomar la iniciativa de las cosas?

_____

_____

_____

_____

Programo mi mente

Cada vez que te encuentres teniendo una conducta o un pensamiento de niño obediente, puedes declarar:

"Esto no es lo que quiero para mi vida: lo que yo quiero es

_____".

Hazlo tantas veces como sean necesarias en el día.

Cuando te encuentres teniendo una conducta de hijo parentificado, sintiendo que eres responsable de tus hermanos, repite:

"Esto no es sano para mi vida; lo que yo quiero es _____

_____".

Cuando te encuentres con el pensamiento de que tú eres la mamá o el papá de tus papás, repite: "Esto no es lo que yo quiero en mi vida. Lo que sí quiero es amarlos, honrarlos con todo lo que pueda económica, física y emocionalmente desde mi corazón de hijo. Yo soy el hijo/a y ellos son los grandes, porque mi corazón de hija/o necesita una mamá y un papá grandes". Decláralo tantas veces como sea necesario durante el día.

Desde el amor, echa una mirada a tu infancia. Entonces podrás identificar tu dolor original y describirlo con palabras. Esto provocará un despertar espiritual y, así, transformarás tu vulnerabilidad en una fuerza emocional y espiritual.

Para terminar, comparto contigo la siguiente reflexión del psicólogo y conferencista argentino, Alejandro Schujman:

"La quietud solo sirve como transición entre un movimiento y otro. Somos en movimiento, aunque la calma sea menester. Precisamos de la dinámica del vivir, de los sueños que se generen, de los objetivos por cumplir. Precisamos de metas, precisamos de planes. Necesitamos saber que, más allá del ahora, hay un mañana que estamos construyendo, aunque viviendo aquí y ahora este presente pleno, lleno de hoy. Somos en movimiento. La pasión es esperar y es delinear los pasos de un mañana que solamente podemos trazar nosotros mismos. Si los brazos pesan, si las piernas se estancan, sacudamos el corazón, espabilemos lo que aún nos queda y allá vamos, y después fluye".

Está en tus manos volver a construirte, y si de pequeño las circunstancias te llevaron a ser un adulto con cosas pendientes por vivir, hoy puedes llevarlas a cabo con tus hijos, con tus so-brinos, o con algún niño a quien puedas ayudar, y poder vivirlas desde otro lugar y, disfrutando, por qué no, de ese niño interior que necesita jugar para crecer sanamente.

Y ahora te invito a hacer esta meditación:

Agradezco a mi pasado; gracias a él hoy estoy en camino de ser mi mejor versión.

Hoy enfocaré mi atención en las cosas positivas.

Hoy queda prohibido para mí estacionarme en el dolor, la culpa y la vergüenza.

Desde el amor y la comprensión, me doy permiso para mirar a mi infancia y seguir construyendo mi mejor versión.

Me entusiasma que mi mejor versión me está esperando.

Gracias, Señor, porque hoy traes sanidad a otra parte de mi corazón.

Gracias, Señor, porque la fuerza regresa a mí.

Me levanto y me transformo porque me das el poder de crear una nueva realidad en mi vida.

Te amo.

Día 6:

CÓMO SANAR LA FALTA DE APEGO EN TI MISMO

DECLARACIÓN

"Yo me adopto, me cuido, me protejo y me acompaño cada día".
—**WALTER RIZO**

Cuanto más te alejas de una persona, más te persigue. Seguramente, en algún momento de tu vida, has escuchado hablar de la palabra *apego*. "Tú estás muy apegado/a a tu mamá todavía, a pesar de la edad que tienes", "Estás muy apegada a esa amiga que no te conviene" o "Vives apegado a tu pareja". Diariamente se repiten cientos de frases y enunciados con este concepto. Es sumamente importante poder entenderlo para comprender la manera en que las personas se vinculan entre sí al llegar a la vida adulta.

Una de las preguntas que deberíamos hacernos es la siguiente: "¿Por qué me apego a ti?". Desde el momento en que nacemos hasta el día en que partimos, todos generamos vínculos de apego. Todos tenemos una figura a la que apelamos en momentos de necesidad, a la que recurrimos para pedir ayuda, sabiendo que contamos con ella para consolarnos. El apego es una conducta temprana en la que el niño busca la proximidad con su madre o con la figura que cumple la función de cuidador principal. Las experiencias de nuestra primera infancia moldean nuestro cerebro, y nuestras emociones producen estilos de relaciones de búsqueda de seguridad y de proximidad.

El estilo de apego que hayas desarrollado con tu mamá en la primera infancia influye de manera significativa en los procesos de elección de pareja, así como en la relación con tus hijos, además de influir en las relaciones afectivas que establecerás al llegar a la edad adulta. John Bowlby, psicoanalista inglés creador de la Teoría del Apego, se refiere a los modelos de apego materno. "La aportación a la psicología más conocida de Bowlby se desarrollaría entre 1969 y 1980, naciendo la Teoría del Apego como descripción de la relación entre las vivencias y relaciones emocionales durante la infancia y el comportamiento, estableciendo la necesidad de forjar vínculos de apego seguro".[8]

La herencia afectiva materna y paterna se graba en cada parte de nuestra psique al grado de reproducirla. Sin embargo, la posibilidad de transformarla resulta esperanzadora. Descubrir cómo la falta de apego con nuestra mamá nos produce inseguridad e incertidumbre con nuestra pareja o con otros vínculos nos facilitará encontrar ese eslabón que, una vez sanado, nos permitirá vincularnos con los otros sanamente, sin necesidad de apegarnos al otro. "Sin ti me muero" es una frase que solemos escuchar; no obstante, en la realidad, tú eres la única persona sin la cual no puedes vivir.

"Como no tuve apego, por eso me pego a ti.
Quiero que me cuides sin anularme.
Quiero que me mires sin proyectar tus cosas en mí.
Quiero que me abraces sin asfixiarme".[9]

Quizás has dicho: "Yo ni loca me casaría con un hombre parecido a mi padre", "Ni loco me casaría con una mujer igualita a

---

[8] https://psicologiaymente.com/biografias/john-bowlby
[9] Frase de Jorge Bucay.

mi mamá". La manera en que uno se relaciona con su pareja es la misma manera en que se relaciona con sus padres. Es hora de sanar para vincularnos con el otro desde la libertad.

Ese vínculo de apego maternal muchas veces se traslada a la pareja o queda depositado en ella. De allí la sensación de muchas mujeres de sentirse protegidas y, por parte de los hombres, de sentirse acompañados y contenidos.

Analicemos, entonces, los cuatro modelos de apego que describe John Bowlby en su Teoría del Apego:

APEGO SEGURO

Las personas que crecieron con una base segura crecieron con un *back up*, una copia de respaldo; es decir, crecieron con las áreas emocionales de sus vidas llenas. Se saben queridos, se saben apreciados y, por eso, se sienten confiados en enfrentar el mundo que los rodea.

> "Un niño que sabe que su figura de apego es accesible y sensible a sus demandas les da un fuerte y penetrante sentimiento de seguridad, y la alimenta a valorar y continuar la relación".
> —JOHN BOWLBY

Veamos algunos de los rasgos de este tipo de apego:

- Tienen mayor sentido de pertenencia.
- Muestran interés por los demás.
- Son personas empáticas que saben ponerse en el lugar del otro.
- Se sienten más seguros de sí mismos.
- Se muestran como personas más amorosas.

• Se sienten con confianza para enfrentar la vida.

Los adultos que recibieron un apego seguro por parte de la madre tenderán a sostener relaciones sanas, más pacíficas y sin demasiados inconvenientes. Si tú experimentaste este estilo de apego, tienes más posibilidades de disfrutar de la vida y de desarrollar relaciones más saludables, de sentirte con una buena autoestima. Podrás compartir y abrir tu corazón con otras personas más fácilmente.

Vamos a la parte práctica

Responde las siguientes preguntas:

1) Cuando tu mamá te hablaba, ¿te miraba a los ojos?
2) ¿Solamente cuando te regañaba te miraba a los ojos?
3) ¿Cómo percibes tu mundo emocional?
4) ¿Confías en tu círculo cercano?
5) ¿Confías en tu familia?

APEGO EVITATIVO (EVITATIVO RECHAZANTE)

El apego evitativo se da en aquellas madres que no expresan emociones de ningún tipo ni entusiasmo por la vida; ni alegría ni tristeza. Cuando la mamá o el cuidador evita o no atiende constantemente las señales de necesidad de protección que el niño envía, este asumirá que no puede contar con quienes deben cuidarlo (su mamá o sus cuidadores), lo que le provocará sufrimiento. "Se conoce como 'evitativo' porque los bebés presentan distintas conductas de distanciamiento. Por ejemplo, no lloran cuando se separan del cuidador, se interesan solo en sus juguetes y evitan contacto cercano. Lo constante han sido conductas de sus cuidadores que no han generado suficiente seguridad; el menor desarrolla una autosuficiencia compulsiva, con preferencia por la distancia emocional".[10]

¿Qué características tiene esta mamá o esta figura de apego evitativo?

- Fría.
- Rígida.
- Inflexible.
- Hostil en su manera de ser.
- Desconectada emocionalmente.
- Distante.

Y muestra las siguientes actitudes:

- Ausencia de contacto físico.
- Ausencia de abrazos, besos, masajitos en la espalda.
- Ausencia de palabras de ánimo, de validación.
- Ausencia de miradas de apoyo, el poder tomarse de la mano.
- Incapacidad de expresar amor.
- Falta de expresión de emociones (ira, temor, esperanza, miedo, etc.) ni de sentimientos, ya sea en los momentos buenos como en los malos.

Luego de haber leído los rasgos de este estilo de apego, te animo a responder las siguientes preguntas:

---

[10] https://www.mentesabiertas.org/articulos/publicaciones/articulos-de-psicologia/tipos-de-apego-y-sus-implicaciones-psicologicas.

EJERCICIOS

Mientras crecías, ¿tu madre era distante o te evitaba?

_____

_____

_____

_____

¿Cómo era tu relación con tu padre?

_____

_____

_____

Si hoy ya eres padre, ¿cómo es tu relación con tus hijos?

_____

_____

_____

¿Cómo te hacía sentir esa relación con tus hijos?

_____

_____

_____

_____

¿Te has dado cuenta de que te pareces a tu figura de apego?

_____

_____

_____

_____

¿Te sientes incómodo cuando alguien habla de sus sentimientos?

_____

_____

_____

¿Evitas hablar de lo que pasa en tu interior?

_____

_____

_____

EL APEGO ANSIOSO Y AMBIVALENTE

En psicología, *ambivalente* significa expresar emociones o sentimientos contrapuestos. Ese jaloneo interior frecuentemente genera ansiedad. Por eso, en el caso de este apego, el niño no confía en sus cuidadores porque a veces están disponibles y otras no. Debido a esta inconsistencia, se genera la ambivalencia, y se produce una sensación constante de inseguridad y angustia debido a que no sabe si podrá disponer del amparo de sus cuidadores.

Las emociones más frecuentes en este tipo de apego son miedo y angustia exagerados frente a las separaciones que el niño padece, así como una dificultad para calmarse aun cuando la mamá está presente. Estos niños necesitan la aprobación de sus cuidadores y velan por estar siempre con ese adulto debido al temor que sienten a ser abandonados. A ello se debe el hecho de no poder alejarse mucho de la figura de apego ni poder relacionarse y establecer otros vínculos. La ambivalencia en la que vive este niño se debe a que desconoce la manera en que su mamá reaccionará: si lo asistirá con enojo o no, o bien si lo rechazará y luego el pequeño sufrirá por dicha separación. Es por eso que necesita aferrarse a sus figuras de apego. Si nos detenemos a pensar la vivencia interior de un niño frente a este tipo de apego, es comprensible la ansiedad que le genera dicha realidad. Sufre sensaciones y emociones que le dificultarán explorar el ambiente.

El hecho es que, cuando este tipo de apego no cambia o las personas no logran resolverlo, al llegar a la edad adulta este les provoca una sensación de temor a que su pareja no los ame o no los desee realmente. Les resulta difícil interactuar de la manera en que les gustaría con las personas, ya que esperan recibir más intimidad o vinculación de la que proporcionan. Un ejemplo de este tipo de apego en los adultos es la dependencia emocional.

EJERCICIOS

Vamos a las preguntas

De niño, ¿sentías el cuidado confiable al estar con tu mamá?

_____

_____

_____

_____

Cuando necesitabas de tu mamá, ¿respondía a tus necesidades?

_____

_____

_____

_____

¿Recuerdas alguna sensación de angustia o ansiedad en tu cuerpo?

_____

_____

_____

¿Qué sentías cuando tus papás se iban a trabajar?

_____

_____

_____

¿Y qué experimentabas cuando ellos regresaban a casa?

_____

_____

_____

_____

Apego desorganizado/ intermitente

Este tipo de apego se da de manera irregular, esporádicamente. La escritora y psicóloga Patricia Faul asegura: "Madres no disponibles, hijos ansiosos dependientes". Es una mezcla de las dos formas de inseguridad descritas anteriormente: el apego ansioso y el apego evitativo. Estas personas sufren de ansiedad y evitación simultáneamente. Si nos ponemos en el lugar de ese niño, ¿cómo nos sentiríamos al experimentar comportamientos contradictorios y poco demostrativos de afecto por parte del adulto (figura de protección)? No será nada fácil para este niño crecer con confianza y con validación sobre su persona.

La incoherencia de este patrón hace difícil su descripción, aunque suele destacarse la tendencia a tener conductas estereotipadas, cambios inesperados. Aparentan ser personas incomprensibles en las relaciones que establecen con los demás.

Características de las madres con este estilo de apego:

- Maltratadoras.
- Desesperadas.
- Con rasgos neuróticos.
- Desconfiadas.

EJERCICIOS

Vayamos a la parte práctica

¿Cómo percibes tu imagen?

_____

_____

_____

¿Cómo crees que te percibe el resto del mundo?

_____

_____

_____

_____

¿Te sientes rechazado en tus relaciones interpersonales?

_____

_____

¿Sientes que no mereces ser amado?

_____

_____

_____

_____

Otro tipo de apego que también se suele dar en las relaciones niños-adultos es el apego deprimente.

Características de las madres con este apego:

- Se sienten abrumadas por la responsabilidad.
- No muestran entusiasmo.
- Presentan poca energía.
- No tienen tiempo de hacer la tarea con los hijos ni de realizar diferentes actividades.
- Poseen cambios de humor imprevisibles.
- Presentan ciertos estados de trastorno emocional.
- Poseen una excesiva dependencia en los hijos para que satisfagan sus necesidades.
- No muestran interés en sus hijos.

Este estilo de mamá es un modelo de madre temerosa, que no puede disfrutar de la vida ni ser feliz. Todo lo verá mal porque su percepción del mundo es negativa y, por lo tanto, se quejará de todo lo que le sucede, tanto de lo bueno como de lo malo. Podemos decir que este tipo de apego es descuidado, y hasta muchas veces negligente por parte del adulto hacia el niño.

Como consecuencia de este tipo de vínculo, al convertirse en adultos estos niños presentarán ciertas características:

- Serán codependendientes de los otros.

- Se sentirán responsables por la infelicidad del otro, ya que han vivido desconectados de sus emociones.

¿Te identificas al leer este tipo de apego con ciertas conductas de tu vida? Responde:

_____

_____

_____

_____

Si bien el apego que cada persona haya experimentado de pequeño es importante, este no debe marcar tu vida adulta. Tú tienes la opción de elegir, pensar y sentir diferente.

> "El desapego no es desamor, sino una manera sana de relacionarse, cuyas premisas son: independencia, no posesividad y tampoco adicción."
>
> —**WALTER RISO**

Todas las personas merecemos ser felices, y fuimos creadas con todo lo necesario para serlo. Lo que hayas recibido de pequeño no condiciona ni tu presente ni tu futuro. Tú eres el constructor de tu propia vida, y debes trabajar para disfrutar y ser feliz. Tú tienes las habilidades y capacidades para recrearte cada día.

Si no has vivido un apego seguro, tú puedes ser ahora la persona que se da compañía, que elige cuidarse, protegerse y respetarse cada día.

Programo mi mente

Cada vez que te encuentres pensando en que necesitas apegarte a alguien, repite: "Yo me adopto, me cuido, me protejo y me acompaño cada día". Puedes tener presente esta frase y hacerla propia. Además, necesitas saber que en esta vida tienes un Padre que te cuida desde antes de haber nacido: Dios. Él es tu protector, tu cuidador, tu defensor. Tu vida está en la palma de sus manos y hasta sabe qué cantidad de cabellos tienes. Él sanará tu vida de todo apego inseguro, evitativo o desorganizado que hayas vivido. Es tiempo de crear tu propia persona y de decidir quién quieres ser como padre, amigo, trabajador o estudiante… Y, lo más importante es saber que no estás solo en la construcción de la persona que quieres llegar a ser. Dios está contigo.

Y ahora te invito a hacer esta meditación:

Señor, en mis momentos de vulnerabilidad es cuando más necesito tu certeza y tu presencia en mi vida. Llévame a fundirme contigo, a tal grado que esa seguridad en ti me inyecte el estar a gusto en mí, en mi piel, al estar conmigo mismo. ¡Qué rico saberme abrazado por ti, amado, mirado y protegido! Porque si te tengo a ti, tengo todo y no me hace falta nada.

Día 7:

CÓMO SACIAR EL HAMBRE DE HAMBRES

DECLARACIÓN

Ahora me veo, me valido, me acaricio, me doy compañía.

LA FALTA DE MIRADA DE MAMÁ

Desde el amor, te invito a mirar tu infancia, porque será entonces cuando identifiques tu dolor original y puedas ponerlo en palabras para sanar desde el entendimiento y desde la comprensión. Así podrás ir rearmándote.

Durante mis años de investigación en el tema de la codependencia, googleando la fragmentación de la vinculación, encontré un maravilloso artículo de la psicóloga Laura Rincón Gallardo. Fue así cómo terminé estudiando la especialidad de terapia de contención en el Instituto PREKOP, con sede en la Ciudad de México.

Este tipo de terapia sana y repara el vínculo interrumpido entre la madre y el hijo. Este es el único acercamiento que conozco hasta hoy que trabaja en el resultado de mis años como investigadora en el campo de la adicción al otro.

"La esclavitud tiene liberación cuando se deja de buscar
fuera lo que únicamente se encuentra en el interior".
—MARISA GALLARDO

DECODIFICANDO LA DEPENDENCIA EMOCIONAL

En su libro *El abrazo que lleva al amor*, mi maestra, la psicóloga Laura Rincón, define la vinculación como la prolongación de la simbiosis con la madre después del nacimiento. Esto quiere decir que, una vez que ambos cuerpos se han separado después del parto, el bebé tiene la necesidad de sentir la cercanía física de la madre, después de haber experimentado el estrés y miedo vividos durante su nacimiento, sobre todo en caso de cesárea.

Colocar al recién nacido sobre el pecho de su madre para que escuche los latidos de su corazón (que le son familiares y tranquilizantes) significa para él una bienvenida a casa. Laura explica que, en el campo de las hormonas, suceden cambios extraordinarios: la oxitocina, conocida como la *hormona del amor*, actúa en el cerebro de la madre y la prepara para el momento culminante del encuentro con su hijo. En un parto natural, al salir el bebé, su cerebro está impregnado de oxitocina y endorfinas, al igual que el de su madre.

Esto provoca un enamoramiento entre ellos. Los científicos lo llaman *imprinting* o *impronta*, que equivale al vínculo más fuerte que tenemos los humanos. Al mirarse a los ojos, se crea un momento mágico entre la madre y el hijo. La felicidad, la tranquilidad y la alegría son absolutas en este momento sagrado, que queda grabado para siempre en el cerebro de ambos.

Jirina Prekop, mi maestra creadora de la Terapia de Contención, en su libro *Si me hubieras sujetado*, menciona que las sensaciones que el bebé experimenta son prácticamente las mismas de antes, cuando estaba dentro de su madre. Reconocerlas le da confianza y seguridad. Son experiencias que se repiten de la misma manera. Dicha necesidad se prolonga ya que, a lo largo de su vida, el ser humano busca situaciones y experiencias parecidas que, al resultarles familiares, le hacen sentirse seguro.

El neurólogo y psiquiatra Boris Cyrulnik comenta que las madres humanas rodean a su bebé en un envoltorio sensorial compuesto por el brillo de los ojos, su olor, su voz y su forma de abrazarlo, lo que constituye un análogo de impronta. El bebé, así envuelto en un ambiente sensorial, impregna su memoria de todos esos datos. Franquea en su cerebro las sinapsis, que desde entonces le permitirá percibir preferentemente ese tipo de información.

En su libro *El pequeño tirano*, Jirina Prekop explica la importancia de lograr una vinculación fecunda durante los primeros meses de vida, así como la satisfacción de las necesidades básicas de protección y seguridad. Allí es donde se ponen los cimientos para el destino ulterior de la persona, la satisfacción de sus necesidades básicas de alimentación y, sobre todo, su necesidad de consuelo y protección. Para el niño, esto representa la posibilidad de confiar en sus padres, y le proporciona la vinculación y seguridad que necesita. Solo si el niño cuenta con esa confianza podrá confiar en otras personas más adelante, y a su vez desarrollar la confianza en sí mismo. Cuando ha recibido suficiente amor, al experimentar el apoyo y sostén de sus padres, podrá transmitirlo a su vez. Podrá alguna vez desarrollar su propio sostén interno, que le permitirá brindar a otras personas.

Cuando un niño crece sin satisfacer esta necesidad, no solo la relación entre hijo y madre resultará deficiente y enfermiza, sino que el niño pasará el resto de su vida buscando el amor, el abrazo, la mirada y la cercanía que le faltó. Por eso, para mí, este tipo de terapia ha sido una revelación para poder sanar la vinculación.

Veamos entonces cómo se forma la vinculación con la mamá. La relación del niño con su mamá es sumamente importante, ya que el vínculo construido con ella durante la primera infancia condiciona la forma de relacionarse con una pareja en la edad adulta.

Si en nuestra primera infancia nuestros padres no nos miraron a los ojos y no nos saciaron emocionalmente con su mirada —acariciándonos, dándonos atención y validándonos—, esperaremos a que alguien nos vea, nos reconozca y nos valide. A través de la mirada, la cercanía, el abrazo, se desarrolla esta importante vinculación. Desde ahí, con esa carencia, vamos a la vida. Elegimos pareja y, de manera patológica, demandamos que nos satisfaga, que nos quiera, que nos vea, que nos toque, que nos abrace. Seguramente, esta necesidad será cubierta de manera patológica. Esta situación provocará que, cuando se vaya de nuestro lado, sintamos enloquecer.

Walter Riso, psicólogo, dice: "Depender de la persona que se ama es una manera de enterrarse en vida, un acto de automutilación psicológica, donde el amor propio, el autorrespeto y la esencia de uno mismo son ofrendados y regalados irracionalmente".

De acuerdo con la vinculación infantil que hayamos tenido, en la vida adulta seremos más vulnerables a desarrollar una dependencia emocional. El estilo de apego que hayamos desarrollado con nuestra mamá en la primera infancia influirá de manera significativa en los procesos de elección de pareja y en la manera como nos relacionemos con esta.

"Cuando muere la dependencia emocional, nace la libertad."

—KATHARTIKO

¿DE DÓNDE NACE EL HAMBRE DE AMOR?

Esa manera de mendigar amor surge de las carencias emocionales que experimentamos cuando fuimos niños. Existen dos tipos de necesidades que resulta indispensable satisfacer desde el nacimiento para que los niños tengan un desarrollo físico y mental saludable: necesidades fisiológicas y necesidades emocionales. La primera necesidad es la de supervivencia, de acuerdo con la Teoría de las necesidades, de Abraham Maslow.

NECESIDADES FISIOLÓGICAS

Son necesidades de primer nivel y se refieren a la supervivencia. Estas involucran agua, alimento, vivienda, vestido, etc. Constituyen la prioridad del individuo pues están relacionadas con su supervivencia. Cuando a un niño no se le da de comer tres veces al día (incluyendo la toma de leche), este tendrá problemas de desnutrición, lo que a su vez se reflejará en sus huesos, en la dentadura y en su crecimiento.

Es esencial nutrir estas necesidades fisiológicas para el desarrollo saludable de una persona, con la finalidad de que pueda relacionarse positivamente con todos sus vínculos. Al no suplir las necesidades básicas de supervivencia desde la infancia, a estos niños se les forma una grieta, y el dolor que los hace vulnerables a desarrollar la dependencia afectiva al llegar a la madurez se queda guardado. Se relacionarán con personas que tienen el cuerpo del dolor similar al de ellos, para que los ayuden a suplir o saciar sus necesidades emocionales. Es importante madurar y sanar el cuerpo, moviéndonos de estado emocional.

El siguiente caso nos servirá para comprender lo que puede causar esta necesidad fisiológica no satisfecha.

Una mujer, a la que llamaremos Cindy, descubrió la infidelidad de su marido — además de saber que este tenía otra familia que vivía a solo tres cuadras de su casa—, lo cual fue devastador. Sus amigas le pidieron que lo dejase. Ella respondió llorando:

"¿Tú crees que lo voy a dejar? Ahora tengo casa. Yo recuerdo haber peregrinado, cuando era niña, con mi mamá. Una noche dormíamos con una tía, otra noche dormíamos con otro tío. ¿Tú crees que yo voy a dejarlo? Si me divorcio, ¡me echa de la casa!".

La dependencia afectiva provoca que estemos dispuestos a permitir el desamor y el engaño con tal de que no nos dejen desprotegidos.

A continuación, leamos el testimonio de Cindy:

De niña no tenía ropa, así que me conformaba con la que nos regalaban; solo tenía dos suéteres, y aún recuerdo mi piel fría cuando no se terminaban de secar. Yo me los ponía mojados y, durante el día, con el sol y el aire, se iban secando sobre mi cuerpo.

¡¿Tú crees que lo voy a dejar?! Si por primera vez tengo una casa amueblada a mi nombre. Tengo un armario en el que lo primero que ves son suéteres con etiquetas; mi alacena está llena de comida para abastecerme tres meses sin ir al supermercado; acumulo cajas y cajas de comida, costales de frijoles, de arroz, kilos y kilos de carnes congeladas.

A Cindy se le quedó grabada la sensación de la piel con frío y hambre de comida. Lo primero que hace cuando entra a un supermercado, de manera inconsciente al conectarse con su cuerpo del dolor y el hambre de su niña interior, es comprar comida compulsivamente, abasteciendo, de alguna manera, su herida.

En la piel se quedan grabadas todas las heridas, palabras, sensaciones, olores y carencias porque la piel tiene memoria. A Cindy le pasa lo mismo con la ropa. Su piel quedó marcada y, cuando entra a una tienda, compra, desde su niña interior con frío, suéteres y más suéteres.

NECESIDADES EMOCIONALES

El gran psicólogo y teólogo John Bradshaw redescubrió algunas necesidades emocionales. Por mi parte, durante mi camino como investigadora, terapeuta y facilitadora de grupos, recogí algunas otras necesidades y conceptos que agregué a este conjunto.

Las necesidades emocionales básicas completamente nutridas (amor, aceptación, reconocimiento, palabras de elogio, sentido de pertenencia y protección) hacen que la persona pueda sentirse segura y miembro de un grupo de pertenencia. El poder sentirnos amados nos hace sentir que el mundo no es tan hostil como parece.

La dependencia emocional nace cuando las necesidades emocionales y de supervivencia no fueron suplidas adecuadamente durante la infancia. A su vez, esto creo una herida que trajo consigo una carencia afectiva.

Si de niños no recibimos el amor de nuestros padres o de aquellos asignados para cuidarnos, se registra una carencia. En la adultez, dicha carencia se transforma en demanda y terminamos buscando lo que de niños no nos dieron. Eso se ve reflejado en las relaciones de pareja.

Si no recibimos amor, abrazos y expresiones de cariño, esa carencia se transforma en una demanda y búsqueda de amor en lugares equivocados. Si nuestra necesidad de sentirnos protegidos no se nutrió durante la niñez, cuando busquemos pareja buscaremos, inconscientemente, un papá que quizá tuvimos pero que no nos protegió adecuadamente.

A lo largo de mi experiencia he conocido a mujeres jóvenes casadas con hombres que les doblan la edad. También he conocido hombres que se casan con mujeres más grandes que ellos, quizá porque sufrieron la carencia antes mencionada. Allí se ve la importancia de que estas necesidades hayan sido nutridas emocionalmente. Y, cuando no son nutridas, estos niños interiores, dentro de sus cuerpos de adulto, se quedan a la espera de que alguien venga, los rescate y los cuide.

¿QUÉ ES LA CODEPENDENCIA DESDE MI EXPERIENCIA?

Es una enfermedad del alma y del espíritu que crea una vulnerabilidad emocional originada por un trauma infantil y por una fragmentación en el vínculo materno durante la primera infancia.

Lo que he observado en estos años es que las personas codependientes suelen ser personas emocionalmente desvinculadas, desconectadas de su bienestar, hasta el punto de que ponen en riesgo su salud mental y física.

OTRA MIRADA A LA DEPENDENCIA AFECTIVA

Se considera como codependiente a la persona que toma el lugar de responsabilidad que, normalmente, otro habría tenido que asumir, ya sea en la familia o fuera de ella. El codependiente es un aliado inconsciente de la conducta del otro. Se genera una complicidad inconsciente en el hecho de proteger al enfermo dependiente de sus efectos y de sus consecuencias (por ejemplo, los golpes, la ira, la infidelidad). El codependiente le permite al otro hacerse la ilusión de que puede continuar con su comportamiento sin causar ningún problema; de que, de alguna manera, las cosas estarán bien.

EJERCICIO

Vayamos a la parte práctica.

Cierra los ojos e imagina a tu niño interior. Pregúntale qué necesita, qué necesidades le faltó por llenar.

_____

_____

_____

_____

Escribe una carta a tu niño interior. Dile que, a partir de hoy, lo adoptas y cubrirás cada una de sus necesidades.

_____

_____

_____

_____

Dile cuánto lo quieres.

_____

_____

_____

Haz una actividad con tu niño/a interior que active el menú emocional (por ejemplo: salir a correr, comer un helado, jugar, salir en bicicleta, etc.).

Programo mi mente

Cada vez que te descubras pidiendo aprobación de tu ropa o preguntando cómo te ves, repite: "Ahora me veo, me valido, me acaricio y me doy compañía".

Durante el día, declara las veces que sean necesarias: "Yo soy grande, fuerte y exitoso/a. Manejo, trabajo, tengo dinero, hago lo que quiero, voy adonde quiero, me compro lo que quiero, como lo que quiero. Mando y decido en mi vida. Esto te sucedió a ti, mi niño interior, no me pasó a mí como adulto".

Y ahora te invito a hacer esta meditación:

Cierro mis ojos e imagino a mi niño interior; lo abrazo, lo sostengo en mis brazos y de mi interior fluyen el amor, la ternura y la compasión. Le digo: "Aquí estoy contigo, no te preocupes. Yo te cuido, te protejo. Mis abrazos te calman, mi mirada te sacia, mis palabras llenan tu interior. Te valido. Mis palabras te sanan. Mis palabras te califican con 100. Mis abrazos son suficientes; te sanan. Eres suficiente para mí. Bienvenido a mi corazón".

Ahora imagina un momento alegre en el que te sentiste feliz cuando eras pequeño o pequeña. Respira y guarda esa sensación en el cuerpo. Date cuenta de que también hubo momentos hermosos que te hicieron experimentar sensaciones hermosas.

Ahora ya lo tienes. No necesitas pedírselo a nadie. Quédate con la agradable sensación de lo recibido.

Día 8:

¿QUÉ TIPO DE HAMBRE TIENE TU VIDA? IDENTIFÍCALA Y SÁCIALA

DECLARACIÓN

Cuando satisfago el hambre de mí y me
lleno de ti, estoy completo.

¿Te ha pasado que tienes un deseo insaciable, unas ganas de algo, pero no identificas cuál es tu deseo? Nos produce placer la comida, estar con el otro, comprar compulsivamente, jugar, apostar, beber, consumir fármacos o drogas. Son fuentes para saciar nuestra hambre. Ana Arizmendi, especialista en Psicología de la Alimentación, la define como "el deseo o apetito ardiente de algo".

Por eso es importante, cuando esto nos sucede, detenernos y pensar: "¿Qué tipo de hambre tiene mi vida? ¿Es verdaderamente un hambre física o es hambre emocional?".

"Si vas a comer para tapar algún vacío emocional, déjame decirte que no hay nada que tapar; las emociones negativas dolorosas están para que las sientas, no para taparlas. Acepta el malestar emocional, y así lo podrás transformar más fácil. No es un proceso sencillo, porque no es decir de un día para el otro: 'Listo, no tapo nada y todo bien'. Lleva su tiempo, pero te permite crecer mucho y liberarte de lo que te hace mal. Pongamos como ejemplo la tristeza. Muchas personas comen de

83

más cuando están tristes. Luego de que lo hacen, sienten culpa, y eso genera aún más tristeza. La tristeza no se tapa: se siente y se transforma. Estar triste de vez en cuando es normal: acéptalo y déjalo ir".[11]

Ser adicto a la comida o a las compras genera un efecto tranquilizante. Es una manera de soportar el día. Al principio, ingresas en un mundo que, supuestamente, es paradisíaco. Pero, una vez adentro, te das cuenta de que, en realidad, estás en el infierno. Si bien uno debe comer cuando el cuerpo tiene la necesidad de alimentarse (y esto es importante), en este *detox* me referiré al hambre emocional. "Si vas a comer porque estás aburrido, por el simple hecho de hacer algo, busca otra opción. Llama a un amigo, lee, camina, saca a pasear a tu perro, escucha música. Si vas a comer porque tienes hambre, come, obviamente, algo que te nutra".[12]

Cuando padecemos hambre emocional, el cerebro le dice al estómago que no le importa que no tenga hambre, que él es quien toma las decisiones y que lo que quiere es serotonina. La serotonina maneja nuestro humor y también está asociada al placer. Este es el motivo por el cual, cuando nos sometemos a una dieta restrictiva, tenemos cambios constantes de humor.

Esto ayuda a entender por qué, cuando estás desintoxicándote de una relación y no ves a la persona de la cual te estás separando, tu estado de ánimo varía.[13] Es una necesidad de nuestro interior que debe ser satisfecha; por ello, cuando no descubrimos de qué tenemos hambre, buscamos satisfacernos de manera compulsiva con comida, dándonos atracones, o bien restringiendo el hambre. En las relaciones con la pareja, los hijos

---

[11] Barolin Federico (2020), *Piense y baje de peso*. Hojas del Sur.

[12] Ídem 1.

[13] https://www.vidapositiva.com/hambre-real-vs-hambre-emocional

(o con la persona que hayas elegido para tu meta), te conviertes en demandante, controlas de manera insaciable, acosas y persigues.

El hambre es como un reclamo a tu interior; por ello, el *detox* del día de hoy es una invitación para desintoxicarte de la manera en que estás nutriéndote emocionalmente. Te invito a ver el hambre con otros ojos.

He aprendido que es un mensaje de tu interior, que quiere comunicarte algo. Tu trabajo no es pelear, no es restringir ni comer compulsivamente. Lo verdaderamente fascinante de esta aventura es descubrir de qué tiene hambre tu vida. El hambre es la forma en que te comunicas a ti mismo tus deseos, anhelos y necesidades.

Para ayudarte a descubrir de qué tiene hambre tu vida, te explicaré los diferentes tipos de hambre. El hambre es la forma en que te comunicas a ti mismo tus necesidades y anhelos; una forma de honrar de manera amorosa tu vida, tu persona, tu cuerpo, tu mente, tu alma, tu primer hogar, tu templo. Te invito a hacer una pausa y mirar hacia adentro, sentir, escuchar y preguntarte: ¿de qué tengo ganas?, ¿de qué tiene hambre mi vida?

1) EL HAMBRE DE HAMBRES: *EL HAMBRE DE TI*

A esta yo la llamo el *hambre madre* porque, al saciarla, el resto de las hambres se nutrirán apropiadamente. Esta es una necesidad de vincularnos, de conectar con nosotros mismos. Si yo no nutro mi hambre de mí, no sabré identificar mis otras hambres.

Es muy evidente cuando no prestamos atención a nosotros mismos, pues comenzamos a presentar conductas compulsivas tóxicas (con la comida, con el otro, con el orden, con las compras, con las relaciones, etc.).

Cuando estoy desconectada conmigo y no pongo atención a mí o a mis sensaciones; cuando tengo la incómoda sensación de vacío interno, apelo al recurso que ya he hecho automático en mí desde hace muchos años: corro a comer algo o a buscar a mi pareja de manera compulsiva.

El primer reclamo de nuestra alma es nuestra atención; voltear a vernos y conectar con nuestro interior. Te invito a que hagas una pausa y cierres los ojos y respondas a esta pregunta: ¿de qué tienes hambre? Abre tu agenda y observa dónde estás tú: ¿Tienes momentos reservados para nutrir el hambre de ti, para practicar tus pasatiempos? ¿Tienes reservado un espacio para realizar eso que tanto te gusta? Cuando abrí mi agenda, descubrí que yo no aparecía en ella: yo era la ausente en mi propia vida.

Mi agenda estaba llena de citas y más citas con mis clientes, con mis hijas, sus actividades y sus deportes; con mi pasión, que se convirtió en trabajo (mi fundación); con mi casa y mi pareja; con mis viajes de trabajo y mis cursos; para preparar temas para televisión y para radio. ¿Y yo? No aparecía en mi agenda. ¿Por qué? Porque no tenía tiempo.

Descubrí que iba por la vida poniendo atención en el afuera y en lo que se fuera necesitando. Entonces, decidí poner una pausa en mi vida, desaceleré y vacié mi agenda, y me di prioridad. Todavía recuerdo la sensación de mi cuerpo diciéndome: "Gracias, gracias por poner pausa". Tenía hambre de tiempo para mí, de quietud, de calma, de más balance, de explorar la ciudad, de irme a la playa, de viajar en familia y con amigos, de tomar clases de cocina y de hacer ejercicio físico; de tener mis espacios, de visitar más seguido a mis padres, de estar con mis hermanos, de crear espacios para escribir y para escuchar música, de asistir a conciertos y de estar conmigo.

En algún momento me perdí, creyendo que el tiempo que apartaba en la mañana para hacer oración y leer la Biblia o leer mi devocional, sustituía mi tiempo conmigo. Indudablemente, ese tiempo es mi gasolina y me ayuda a regresar a mi centro. Aprendí que nutría mi hambre espiritual, pero no el hambre de mí.

Como mamá empresaria que toda la vida ha trabajado, en alguna etapa creí que mi tiempo lo utilizaba para trabajar. Con mis hijas ya no me quedaba tiempo para mí; eso me desnutría. Entonces, decidí tomarme una pausa en mi vida, priorizar y renunciar a proyectos hermosos de trabajo.

Desde la saciedad de mi hambre y desde la paz, en armonía conmigo, en agradecimiento con Dios y llena de Él, desde esta sensación de inspiración, escribo este libro.

A través de esta conexión conmigo conecto con mi creatividad, con mi esencia curiosa, que hoy ha vuelto a mí.

A continuación, te mencionaré siete características sobre cómo se manifiesta el hambre de ti, de acuerdo con el trabajo realizado por la psicóloga Ana Arizmendi.

Confusión: Cuando no tienes claridad de lo que quieres, la respuesta no está afuera sino adentro. Confiar en tu brújula interna es la que te dará el rumbo. Tanto el ruido de afuera como el interno no nos dejan escucharnos. Detente, toma una pausa y escucha a tu cuerpo, tu mente y tu espíritu. Ellos son muy sabios: ya tienen la respuesta.

Enfermarnos constantemente: Cuando la mente está estresada, el cuerpo y el espíritu también se estresan y entran en desbalance. Hay algo que le hace falta y que no le estamos dando. Cuando la enfermedad aparece en el cuerpo, la mente o el espíritu, significa que estos nos mandan un mensaje que no queremos escuchar. El mensaje es: "Detente, escúchame". Se manifiesta con malestares y con falta de energía. Ante cualquier síntoma, pregúntate:

¿qué parte de mí necesito atender?, ¿a qué me estoy resistiendo?, ¿contra qué estoy luchando?

Conducta compulsiva: El cuerpo, el alma y el espíritu susurran cuando algo les hace falta. Si no los escuchamos, van a subir la voz para hablar. Si seguimos ignorándolos, nos van a gritar a través de enfermedades, compulsiones y dolencias espirituales. Esto se manifestará en una necesidad compulsiva con el otro, la comida, las redes, el orden, el sexo, el trabajo, etc.

Las compulsiones vienen de un vacío interior. Pareciera que hay un abismo, un hoyo que no se puede llenar con nada. El vacío interior se llena solo cuando lo llenas de ti. Va a desaparecer con tu presencia; cuando empieces a habitar en ti; cuando seas consciente de tus pensamientos, tus emociones, tus sensaciones y acciones; cuando te concentres en ti y decidas mirarte y escucharte. Solo entonces, ese vacío desaparecerá.

No busques en el otro lo que solo puedes encontrar en ti. En el otro no hay claridad ni paz, ni tampoco en las redes sociales o en la comida.

Es el hambre de estar contigo mismo en quietud, en conexión contigo, conectado con el aquí y el ahora. Nos preguntamos: "¿Cómo estoy?, ¿Qué necesito?". Te invito a hacer una pausa, poner atención a tu interior y enfocarte en ti. Cuando satisfaces el hambre de ti, regresas a ti; eres tú mismo. ¿Qué hacer? Regálate espacio para escuchar tus pensamientos.

El aburrimiento: Es el primer signo de la falta de sentido en nuestra vida, y el sentido solo se lo podemos dar nosotros mismos. Robert me preguntó: "Miriam, ¿y qué hago cuando me siento así?". Le respondí: "Escucha el aburrimiento; siéntelo porque te está avisando que tu vida está lista para darle un nuevo significado. Resignifica tu vida y reinvéntate". *Volver a empezar*: esta frase llena de posibilidades me encanta. Es momento de conectarnos con nuestro propósito en la vida. Vienen a mi mente las palabras del libro de Isaías: "Pues estoy a punto de hacer algo nuevo. ¡Mira, ya he comenzado! ¿No lo ves? Haré un camino a través del desierto; crearé ríos en la tierra árida y baldía" (Isaías 43:19, NTV).

Es la oportunidad para crear un camino nuevo, darte un espacio para tocar el aburrimiento y preguntarte si encuentras satisfacción en tu trabajo, y ver las formas de volver a conectar con tu pasión, vocación y llamado.

Sentirse abrumado: Cuando nos sentimos agobiados y abrumados, lo mejor es entrar en nuestro interior y volver a nuestro centro, poner orden y cargar pilas. A veces el agobio es desorganización.

Burnout: El síndrome de Burnout fue declarado en el 2000 por la Organización Mundial de la Salud como un factor de riesgo laboral por su capacidad para afectar la calidad de vida, salud mental, e incluso poner en riesgo la vida. Usualmente se describe como una forma inadecuada de afrontar el estrés crónico, cuyos rasgos principales son el agotamiento emocional, la despersonalización y la disminución del desempeño personal.

Una mañana, no *hilaba*, como decimos en el rancho. Sentía que el cuerpo no reaccionaba; era como si la mente estuviera quemada. Llamé a mi asistente y, con un poco de resistencia, le pedí que cancelara mis citas de un día nada más, creyendo que lo único que necesitaba eran 24 horas para recuperarme. Pero no fue así. Pasó un día, pasaron dos, tres, cuatro, cinco días, y entonces comencé a sentirme mejor. Lo fabuloso fue descubrir que, con solo dos horas frente a la playa escuchando las olas, pude reiniciarme. Recomiendo, si tienes la posibilidad, que te vayas por cuatro o cinco días a un lugar frente a la playa, ya que es lo mejor para tu recuperación. Haz una pausa, crea un espacio, desconéctate de afuera y conéctate para adentro. Da salida a esas emociones; date permiso de no hacer nada, y te garantizo que te recuperarás.

Sentirnos solos: ¿Te sientes solo? Este es un pensamiento basado en una percepción, pues realmente nunca estamos solos; siempre estamos acompañados de nosotros mismos. El que se siente solo no ha descubierto el placer de acompañarse a sí mismo.

Si no sabemos estar con nosotros mismos, se nos complicará el estar con alguien más. Acércate a ti mismo sobre todo cuando necesites compañía. El día que descubras que tú eres tu mejor compañía, desaparecerá la sensación de vacío, de que algo falta. Entonces podrás compartirte con alguien, pero desde la completitud, el estar en suficiencia, en abundancia; desde la libertad, y no desde la carencia, el apego o la dependencia.

Si atendemos a esta hambre de nutrirnos a nosotros mismos, estamos alimentando las otras hambres también.

Estrategias para nutrir el hambre de estar con nosotros mismos

1) Haz cosas contigo en plena conciencia.
2) Haz una cita de amor contigo mismo; planea algo genial que disfrutes.
3) Desconéctate de todo; apaga el celular y disfruta de ti.
4) Pasa más tiempo, y de mejor calidad, contigo mismo.

5) Haz un retiro; puede ser en tu casa. Desconéctate del mundo para conectarte contigo.
6) Camina, lee, nútrete.
7) Date espacios para cultivar tu autoconocimiento, como leer, ir a terapia, a *coaching*, asistir a cursos para seguir creciendo emocionalmente.
8) Regálate espacio para escuchar tus pensamientos.

2) HAMBRE NUTRICIONAL

Esta hambre comunica la necesidad de nutrirse. Es la que envía mensajes con sensaciones fisiológicas como dolor de cabeza o de estómago. Se nutre con alimento, del cual depende nuestra salud física.

3) HAMBRE EMOCIONAL

Es la necesidad de entrar en contacto con las emociones y el hecho de expresarlas, gestionarlas, sentirlas y darles la bienvenida. Hay una gama de emociones con las que evitamos ponernos en contacto. Las emociones fueron creadas para vivirlas, sentirlas, expresarlas. Recuerda que *emoción* significa "movimiento" y, cuando no nos permitimos expresarlas, se encapsulan, e impedimos que la vida fluya.

Explora tu interior; cuestiona por qué te pasa lo que te pasa. Y, si requieres apoyo para modificarlo, búscalo. Cuestiona tus pensamientos: no les hagas caso a todos. Da la bienvenida a tu hermoso mundo interior.

4) HAMBRE DEL CUERPO

Me pasa en las mañanas: mi cuerpo me pide estar en movimiento, sobre todo después de pasar sentada durante largas horas atendiendo a mis clientes. Un día me dispuse a escucharlo y obedecerlo. Sentía que me invitaba a brincar, a correr, así que me dejé llevar. Cuanto más brincaba y corría, experimentaba una sensación de satisfacción y vitalidad increíble.

El cuerpo fisiológico nos comunica que necesitamos algo a través de la sensación de hambre. Es una manera clara de hacernos sentir que nos falta algo. Es muy inteligente y se expresa manifestando la sensación de vacío interno, comunicándonos que tiene una necesidad.

Honrar a nuestro cuerpo es honrar a nuestro primer hogar. El cuerpo es el templo del espíritu; hay que cuidarlo. Me encanta la frase que dice que "la manera en que mueves o no tu cuerpo es un espejo de la manera en que te mueves en la vida".

¿De qué tiene hambre tu cuerpo? ¿De sueño, de descanso, de movimiento, de quietud y reposo, de apetito sexual, de bailar, de brincar? El reto es identificar los mensajes que nos envía el cuerpo y, acto seguido, nutrirlo.

¿Cuáles son las señales que tu cuerpo te envía para manifestar qué tipo de hambre tienes?

5) HAMBRE DE PLACER

El hambre de placer comunica la necesidad de bienestar. Aquí entran las ganas de pasarla bien, las ganas de disfrutar, las ganas de diversión. Te dan ganas de oler, escuchar, sentirte agradable; es el hambre de celebrar la belleza de la vida. Cuando yo experimenté desnutrición, descubrí el hambre que tengo de pasarla bien, y me di a la tarea de satisfacerla. Por ello realizo actividades para generar placer y pasarla bien. Vivo en el maravilloso San Diego, California, conocido como "the finest city of the USA" (la mejor ciudad de Estados Unidos). Tenemos playa, áreas verdes, un clima hermoso, y me siento turista descubriendo la ciudad.

Viajar, conocer gente, mis clases de cocina, mi club de libros, disfrutar escuchando música, comprar flores, percibir aromas: todo esto satisface mi hambre de placer.

6) HAMBRE DE AMOR Y AFECTO

Erróneamente, suele pretenderse saciar esta hambre a través de una pareja. Aunque la relación te dañe y sea tóxica, te quedas ahí. Con tal de satisfacer esa hambre de afecto que sientes desde la infancia, te quedas y soportas el maltrato.

¿Qué hacer? Ve y satisface el hambre de ti. Cuando tú estés saciado de ti, no tendrás hambre de nadie.

7) HAMBRE DE SEGURIDAD

Necesitas sentirte seguro. Cuando nos sentimos seguros de nosotros mismos, nos respetamos y respetamos a los otros. Las personas que hablan con seguridad y confianza demuestran que creen en sí mismas. No son demasiado tímidas ni demasiado avasalladoras. Saben que sus ideas y sus sentimientos son importantes. Tienen confianza.

8) HAMBRE DE CRECIMIENTO

Tenemos hambre de crecer, de progresar, de cumplir objetivos que nos proponemos a lo largo de nuestra vida. Para eso necesitamos ser firmes en nuestros propósitos y enderezarnos si flaqueamos. Motivarnos día a día saciará nuestra hambre emocional al vernos proyectados hacia lo que verdaderamente esperamos de la vida. Llenar constantemente esta hambre nos ayuda a sentirnos en plenitud. Te invito a crecer en todas las áreas de la vida. Recuerda que el área donde pongas tu atención es el área en la que crecerás.

¿Qué más te falta aprender? ¿Qué más te falta hacer crecer?

9) HAMBRE ESPIRITUAL

Es absolutamente importante y necesario alimentarnos con la palabra de Dios todos los días. Así podrás fortalecer tu espíritu, desarrollarte y crecer de una manera sana. De lo contrario, nuestro espíritu, que también necesita ser alimentado en intimidad con Dios, se secará, por lo que esa área de tu vida no tendrá el crecimiento que necesita cada día.

Es imprescindible nutrir nuestro espíritu, somos espíritu, alma y cuerpo. El ruido de afuera más mi ruido interno mental me aturde, y no me permite escucharme ni a mí ni a mi espíritu. Cuando esto me pasa, tomo una pausa y cierro los ojos.

En silencio o en voz alta, practico oración y tengo un diálogo diario con Dios. Esta práctica me ayuda a regresar a mi centro; me hace bien cuando riego mi huerto por la mañana y en la noche antes de irme a dormir. Escuchar su voz a través de su palabra todos los días fortalece mi espíritu, me genera confianza y me da seguridad. Alineo mi espíritu con su espíritu, y entonces todo cambia. Su presencia llena mi hambre de Él. Siento una plenitud inexplicable y hermosa. Es un lugar que se ha convertido en mi refugio, en mi fuente. Me devuelve a mi propósito en la Tierra. La sensación de sentirme hija cambia todo; sentirme querida, cuidada, protegida, pensada y saber que mi familia, salud, negocios, provisión están seguros porque le pertenecemos y porque nos ama. Su amor nos hace creer en los milagros.

Me quedo con la paz indescriptible que aquieta mi espíritu, de lo contrario, sufro desnutrición espiritual, lo que me llevaría a un suicidio espiritual o a mostrar signos de enfermedades espirituales.

Alimenta tu espíritu. Te inspiro a conectarte con la fuente inagotable que es Dios. Tan solo unos minutos con Él diariamente *resetean* tu vida.

Estrategias para saciar el hambre espiritual

1) Haz oración en las mañanas y por las noches antes de acostarte.
2) Lee la Biblia y otros libros que inspiren fe y esperanza.
3) Haz un retiro espiritual.
4) Busca un grupo donde se comparta la palabra de Dios.
5) Busca un grupo de oración.
6) Medita.

10) HAMBRE DE SER EXITOSO

El hambre de ser exitoso es lo que nos motiva a desarrollar una mente ganadora. Es querer cambiar nuestra vida. Los fracasos nos ayudan alcanzar nuestras metas; después de cada fracaso, somos más sabios y fuertes. Si realmente deseas cambiar tu programación mental, debes pensar: "Yo lo voy a lograr". Tú tienes el poder y control para que tu mente genere pensamientos positivos.

EJERCICIOS

Vayamos a la parte práctica

Escribe sobre qué tipo de hambre tiene tu vida.

_____
_____
_____
_____

¿Cómo te sentiste al darte cuenta?

_____
_____
_____
_____

¿Con qué tipo de comportamientos compulsivos alimentas tus hambres?

_____
_____
_____
_____

Cuando no quiero estar solo, ¿qué hago?

_____
_____

Cuando tengo hambre de atención, ¿qué hago?

¿Cómo te sentiste al darte cuenta?

Programo mi mente

Hoy, cuando te encuentres con un pensamiento de hambre, pon atención a tu cuerpo e identifica qué sientes. Pregúntate si lo que sientes es hambre de nutrición o hambre de cuerpo y repite: "Elijo alimentarme en congruencia con mi cuerpo y mente", "Tengo la capacidad de transformarlo y volverme a elegir".

Repite esto tantas veces como sea necesario durante el día. Sube una foto tuya en las redes satisfaciendo tu hambre de ti, estando contigo mismo. Los grandes cambios siempre vienen acompañados de una fuerte sacudida. No es el fin del mundo: es el inicio de uno nuevo.

Y ahora te invito a hacer esta meditación:

Elijo hacer las paces conmigo; hoy elijo perdonar la manera en que he estado nutriendo mi vida; me libero del hambre y de la carencia en todo. Renuncio a vincularme desde el hambre de amor. Renuncio a evadir el dolor anestesiándome con comida, relaciones tóxicas, conductas tóxicas. Me libero de toda resistencia a amar; hoy me abro al amor. Me libero del miedo y del vacío interior, y elijo nutrirme desde el amor, la suficiencia, la riqueza interna; desde el entendimiento y la comprensión. Declaro que mi hambre de amor está satisfecha. Dios, gracias porque mi hambre espiritual está saciada por ti. Con tu presencia alineas mi vida.

Día 9:

VIVO Y DEJO VIVIR

DECLARACIÓN

Fluyo y dejo fluir,
vivo y dejo vivir.

Comencemos el día de hoy con el siguiente cuento:

Encuentro de dos

Control y Expectativa se conocieron en un café. A él le gustó su mirada en el futuro y a ella, su necesidad de saber y hacer. Juntos se sumergieron en una supuesta relación. Ella le avisaba de los posibles escenarios que podían visitar, y él hacía todo para estar preparado y que nada se les presentase sin tener una forma premeditada de actuar. Control le decía a todo mundo qué hacer y no delegaba nada a otros por falta de confianza o de fe. Entretanto, Expectativa se dedicaba a espantar a lo desconocido para evitar sacar de quicio a su amado Control.

Control tenía comportamientos obsesivos: pasaba horas comprobando e inspeccionando que nada se saliera de lo esperado. Además, estaba disgustado porque Expectativa no era muy acertada. A menudo fallaba en sus predicciones, y eso lo desconcertaba. Expectativa se hallaba ausente y no se sentía parte del presente. Pensaba que Control exigía mucho de ella y que no se conformaba con ninguna propuesta.

Expectativa dejó de esperar desde la esperanza, y cayó presa de la ansiedad y la desconfianza.

Así, Control y Expectativa se perdieron en un cuento de lo que debería ser, incapaces de darle la vuelta al estrés. Dejaron de vivir y se conformaron con subsistir.[14]

Descubramos entonces cómo amamos para romper así con nuestra manera de manipular el amor. Existen diferentes maneras en que solemos manipular al otro. Accionamos y hacemos determinadas cosas para sentirnos necesitados ("Estoy dispuesto a hacer cualquier cosa para que no me dejes"). Una de las formas en que la codependencia se manifiesta es el rescate. Dicha actitud se presenta en diversos grados y se puede evidenciar en diferentes casos, dependiendo de la infancia o adultez que hayas tenido. Seguramente, en una (o en algunas) de las identificaciones encontrarás alguna semejanza contigo.

¿Cuándo fue la última vez que buscaste rescatar a alguien sin que te lo pidieran?

El rescate es el susurro del ego. Es la obsesión de rescatar, de manera obsesiva, a otros, cargando sobre sí las responsabilidades de las vidas ajenas. Es incapaz de reconocer y, por ende, explicar sus propias necesidades y sentimientos creyendo que, si el sujeto no ayuda, nadie más lo hará.

Aunque rescatar parece un acto de generosidad, en realidad creemos que la otra persona está incapacitada. Al finalizar el rescate nos encontramos en estado de enojo causado por la indiferencia del otro. Al mismo tiempo, la persona que controla, muchas veces, guarda en su interior un cierto grado de

---

[14] Gallardo, Marisa; Llamas, Alejandra (2018). *Libérate*. Ediciones Grijalbo.

inseguridad interna, y lo compensa asumiendo las responsabilidades de los otros como suyas.

> *Es que si yo no lo hago, nadie lo hará...*
> *Necesito que me necesiten.*
> *Atte.,*
> *El ego*

Por su parte, la otra persona, al sentirse ofendida por nuestra ayuda al *incapacitado*, demuestra enojo. Finaliza con solo este sentimiento en los dos lados.

Dios nos ha llamado a hacer verdaderos actos de amor, cuyo fruto es todo lo contrario al del *rescate*. Podemos ayudar al otro cuando creemos que el otro es valioso y digno de nuestro apoyo, evitando hacerlo por culpa, por la necesidad de ser reconocidos, o la necesidad de ser necesitados. Tiene que haber un equilibrio entre dar y recibir.

Las personas rescatadoras se sienten felices y sienten también un poco de vanagloria al pensar que son ellos los que cuidan a los otros. El poder ayudar a los demás los hace estar orgullosos de sí mismos. Confían en su bondad y se perciben a sí mismos como personas con dignidad y piedad. No obstante, detrás de su accionar altruista, quienes se dedican a salvar creen que, yendo al rescate de otros, los demás harán lo mismo por ellos en algún momento. Una persona salvadora posee esta creencia, aunque su experiencia personal le demuestre algo distinto. Esto implica que quienes son rescatados no pueden ver la ayuda recibida; más bien, la consideran un derecho, o incluso están resentidos por la intromisión del salvador. Ahora bien, ¿qué pasará luego de dar todo? Seguramente, la decepción nos embargará; el rescatador pasará de salvador a necesitar que lo salven. Y, de ser el rescatador, pasará a ser esa víctima que también necesita recibir afecto. Terminamos por pensar que muchas veces hemos sembrado en una tierra infértil. Miguel de Unamuno decía: "No des a nadie lo que te pida, sino lo que entiendas que necesita; y soporta luego la ingratitud". De allí, la necesidad de poder dar cuando se nos pide y de no intervenir cuando no nos lo piden. Sin embargo, hay personas para las que, naturalmente, dar es parte de sí mismos.

Analicemos a continuación distintos tipos de rescatadores:

- **El mesías complaciente**

  Comienza por el deseo de ayudar y poco a poco va tomando toda responsabilidad del otro, hasta que se abruma de angustia por decir que sí a todo y no poder cumplir.

- **El dador**

  Es feliz regalando todo. No puede disfrutar de lo propio; todo lo que recibe es para dar. Prioriza que el otro tenga, antes de que él también pueda disfrutar de lo que merece.

- **El mesías protector**

  Se preocupa mucho por el bienestar de los demás y hace lo imposible por ellos. Hace sentir a los demás incapacitados. Él es el proveedor. Sin él no llegarán a ninguna parte.

- **El rescatador consejero**

  Tienden a ayudar a quienes viven en situaciones problemáticas, pero crean una dependencia con los problemas de otros para poder dar lugar a los consejos que tienen guardados, perdiéndose a sí mismos y dejando de lado el orden de su vida privada.

- **El salvador**

  Atrae a las personas en crisis, pero aleja a los suyos por ir en ayuda de los demás.

- **El maestro**
  Trabaja en grupos, pero mira su actividad como un trabajo u obligación. Se siente agotado y solo, aunque esté rodeado de gente. Siente que ayuda a todos, pero nadie lo ayuda.

Los rescatadores descuidan no solo su persona y salud, sino su relación emocional con ellos mismos, al mismo tiempo que dejan de lado su salud espiritual. Primero ponen a los otros, porque el sentirse importantes les da un lugar que, quizás, no sienten al estar consigo mismos. Al vivir por y para los demás, su vida interior se va empobreciendo. No tienen tiempo de renovarse, de meditar ni de llenarse de todo lo bueno que la vida ofrece. El hecho es que este dar ilimitado provoca muchas veces sequedad e irritabilidad en el carácter. Todos, en algún momento de nuestra vida, también anhelamos recibir una palabra, una caricia, una ayuda, un regalo, y vivir en calma sin tanta carga.

EJERCICIOS

Vayamos a la parte práctica.

Escribe con cuál manifestación de la codependencia te identificas y por qué.

_____

_____

_____

_____

_____

Enlista cuáles consideras que son tus responsabilidades. Hazlo en relación con tu trabajo.

_____

_____

_____

_____

¿Cuáles son tus responsabilidades con tu pareja?

_____

_____

_____

¿Cuáles son tus responsabilidades con tus hijos?

_____

_____

_____

¿Cuáles son tus responsabilidades con tus amigos?

_____

_____

_____

_____

¿Cuáles son tus responsabilidades con tu novio/a?

_____

_____

_____

_____

Analiza tu lista y define cuáles responsabilidades pertenecen a otros. Márcalos con un color diferente.

_____
_____
_____
_____

¿Esperabas agradecimiento?

_____
_____
_____
_____

Haz lo opuesto a la manifestación con la que tú te identificaste a través de esta semana.

_____
_____
_____
_____

¿Cómo sería tu vida sin ninguna de las acciones de la codependencia?

_____
_____
_____
_____

Programo mi mente

Cada vez que el ego te hace creer que tienes que ir a rescatar, checar el celular, checar la ubicación, revisar mensajes, te invito a que repitas esta frase tantas veces como sean necesarias en el día, programando tu mente:

"Tengo la capacidad de cambiar y mejorar; eso ya
cumplió su propósito en mi vida.
Hoy no me engancho, no me apego a nadie.
Fluyo y dejo fluir,
vivo y dejo vivir".

Cuando te encuentres pensando que necesitas ir a ayudar a alguien, resolver la situación de alguien más, te invito a que repitas esta frase tantas veces como sean necesarias en el día, programando tu mente:
"Tengo la capacidad de cambiar y mejorar
y no me engancho, no me apego a nadie.
Fluyo y dejo fluir,
vivo y dejo vivir".

Y ahora te invito a hacer esta meditación:

Señor, gracias porque soy libre de todas las manifestaciones de la codependencia, porque me siento libre, porque pienso diferente. Me enfoco en mí. Hoy empiezo un nuevo capítulo en mi vida: con paz, armonía y confianza, en el que aprendo a amar desde la libertad. No necesito dar nada a cambio para que me quieran. Gracias porque, a partir de hoy, soy libre de controlar, complacer, rescatar, proteger y resolver.

Día 10:

DEJO DE TENER EL CONTROL

DECLARACIÓN

Regreso a mí, vuelvo a mi poder de ser quien soy.
Tengo el poder para crear la vida amorosa y llena
de paz que quiero.
Hoy decido dejar de cambiar a los demás y de corregirlos.
Acepto lo que es.

A lo largo de mi vida, siempre me ha fascinado aprender cosas nuevas. El trabajo de la conferencista estadounidense Bryon Katie —quien se especializa en enseñar un método de autoayuda—, me hizo darme cuenta de que, cuando nos estacionamos en el ego, juzgamos, criticamos y manipulamos. Luchamos porque nuestros hijos adultos, nuestra pareja, nuestros amigos, las personas de nuestro equipo o la gente que amamos nos dejen regir sus vidas. ¿Y qué tal cuando batallamos por aceptar la realidad o voluntad de Dios? Nos enojamos y sufrimos. No percibimos que nuestra vida se pierde enlazada a la vida de los otros. No obstante, hoy puedes terminar esta forma de relacionarte. Mi anhelo es ayudarte a que puedas explicarle a tu mente por qué hace lo que hace y, acto seguido, transformarlo.

Hoy regresas a ti, vuelves a tu poder.

La libertad existe cuando permito que la vida sea.

¿Estás listo/a para comenzar el cambio? Para esto seguiré la teoría de Byron Katie. Ella enseña que existen tres ámbitos en la vida:

1) TU ÁMBITO

Este representa absolutamente todo lo que tiene que ver contigo. Ahí mandas tú, tú tienes poder, tú pones las reglas. En este lugar, tus creencias y pensamientos son tuyos y son muy válidos. El reto en la vida es quedarte en tu ámbito. Vivir la vida desde ti, no vivir en el ámbito del otro para juzgarlo, sin respetar sus ideas, sus creencias, sus comportamientos y sus acciones. Sé que en muchas ocasiones no es fácil porque, constantemente, nos trasladamos al ámbito del otro, que no nos pertenece.

2) EL ÁMBITO DEL OTRO

Este es el ámbito donde viven todas las personas: quienes viven contigo, las que están a tu alrededor y en el mundo. En este ámbito no tenemos poder, no mandamos, no tenemos nada que decir. La característica principal de vivir en el ámbito del otro es pensar que nuestras creencias y pensamientos deben ser impuestos a los demás.

No somos los dueños de la verdad; sin embargo, nos aferramos a la idea de que tenemos que decir a los demás cómo deberían vivir sus vidas. Y, por muy razonables y buenas que creamos que son nuestras ideas, estas son solo nuestras. Entrar en la vida del otro para corregirlo es una ilusión que nos lleva a frustrarnos.

¿Cómo reconocer cuando estamos en el ámbito del otro?

Sufrimos y perdemos el poder en nuestra vida, cuando utilizamos las siguientes frases: "Él debería", "Ella no debería", "Esto no debería haber pasado".

3) EL ÁMBITO DE DIOS/ LA REALIDAD

En este ámbito sucede todo lo que está fuera de nuestras manos. Todo lo que tiene que ver con la realidad. Podría ser un temblor, una enfermedad, o el comportamiento de algún ser querido. Katie dice: "Pelea con la realidad y perderás solo el 100% de las veces". Por eso, hoy, cuando te encuentres en el ámbito del otro, haz esta declaración:

En amor regreso a mí, vuelvo a mi ámbito
donde yo mando y yo dirijo.

EJERCICIOS

Vayamos a la parte práctica

Identifica a las personas en cuyo ámbito te entrometes y escribe sus nombres. ¿Qué haces y qué dices?

¿Quién sientes que se entromete en tu ámbito? ¿Qué hace o qué dice? ¿Cómo te hace sentir?

Escribe en qué situación te has metido en el ámbito de Dios.

Escribe lo que comprendiste del tercer ámbito, el de Dios/la realidad:

Escribe cómo descubrir cuando te encuentras en el ámbito del otro.

Escribe de qué manera reaccionas cuando te encuentras en el tercer ámbito.

_____

_____

_____

Estos ejercicios te ayudarán a regresar a ti, volver a tu poder y dejar que los demás puedan cuidarse solos.

Puedes compartir con tus amigos o con tus seres queridos cuáles de los ámbitos llamaron más tu atención. Todos tenemos diferentes puntos de vista, ¡hay que considerarlos todos! Explícales a tres personas diferentes sobre los tres ámbitos. Y, si así lo deseas, publícalo con el _hashtag_ #desintoxicatedeticonmiriamnenninger

Programo mi mente

Regreso a mí, vuelvo a mi poder de ser quien soy. Tengo el poder para crear la vida amorosa y llena de paz que quiero.

Y ahora te invito a hacer esta meditación:

Señor, hágase tu voluntad, en la tierra como en el cielo. Hoy rindo mi voluntad a ti. Declaro que me mantengo en mi ámbito y desde ese lugar vivo la vida, la disfruto y dejo vivir a los demás.

Día 11:

RESIGNIFICA: REESCRIBE TU HISTORIA

DECLARACIÓN

No soy víctima de nada ni de nadie. Soy un/a hijo/a de Dios, creado/a para hacer grandes cosas, creado/a para vivir en paz, plenitud, amor, alegría. Creado/a para cumplir con mi propósito de vida que es ser, y no tener que hacer nada para ello porque tengo esencia divina. Soy luz, amor, un ser creativo. Soy esperanza, soy certeza. Creado/a para vivir una vida en abundancia. Creado/a para vivir en el fluir porque, si Dios es amor y Él está en mí, entonces, yo soy amor.

EL CUENTO QUE TE CUENTAS

Me encanta este concepto: *storytelling*. Es el arte de contar una historia, conectar con el mensaje que deseas transmitir a través de una historia y sus personajes. Conectar emocionalmente con una historia permite tocar la mente y el corazón. ¿Sabías que hablas contigo mucho más de lo que piensas? ¿Qué conversaciones tienes a diario con tu cerebro? Reeditar, en corrección, es volver a revisar un texto, ver lo mejor de este y reescribir lo que quizás no quedó bien o no es comprensible en su lectura. Así sucede muchas veces con nuestra vida: necesitamos reeditarla.

Hoy es el momento de reeditar tu historia y de que le cuentes al cerebro acerca de todo lo sucedido a tu relación con dicho vínculo amoroso. Tú tienes el poder de editar tu historia. No eres víctima de la historia que te han contado. Tú puedes y tienes el derecho de volver a escribirla, de darle un nuevo sentido, un nuevo propósito. Tú y yo somos seres resilientes, y podemos volver a construirnos cada día.

Cuando hablamos de resignificar las experiencias pasadas, me refiero a darles otro significado. ¿Para qué nos sirve hacer esta resignificación, esta reedición?

En primer lugar, para poner las situaciones en perspectiva. En segundo lugar, para salir del lugar de víctima. En tercer lugar, para contarnos otro cuento, otra historia que nos parezca menos angustiante y dolorosa.

Voy a compartir una historia contigo. Juan, un joven de 22 años, llegó a mi oficina porque su novia le había recomendado que fuera a verme. Le pregunté con quiénes vivía y me respondió que vivía con su mamá, dado que su padre los había abandonado cuando él era un niño. Le pregunté si veía a su padre y me respondió que su padre lo iba a buscar tres veces a la semana para jugar golf y que los sábados por la mañana desayunaban juntos, pero que no convivían porque él estaba muy ocupado con la universidad y el trabajo. Al escucharlo, volví a preguntarle: "¿Tu papá te ha abandonado? Por lo que me cuentas, está muy presente en tu vida. ¿Sabes el significado del abandono? Abandono implica que alguien se va y no regresa". El joven retrucó: "Mi madre me dice siempre que mi padre nos abandonó".

Le expliqué a Juan que a su historia hay que darle un nuevo significado. Lo invité a que pudiera mirarla desde el lugar donde él fuera el observador y mirar su historia tomando una cierta distancia. Después le pregunté qué había observado y me respondió: "Mis papás se divorciaron cuando yo era niño; él pagó la casa donde vivo desde que era chiquito. Ahora puedo darme cuenta de que, gracias a su amor y a su presencia, nunca nos faltó nada". Entonces, le pregunté: "¿Ahora cómo te sientes?". Me contestó: "Más ligero. Entiendo que es mi mamá quien siempre se ha sentido abandonada y como una víctima, pero la verdad es que ella vive como una reina. Mi papá le da una pensión, y ella nunca tuvo necesidad de salir a trabajar".

Segundo punto para salirnos de la ecuación.[15]

La charla continuó, y le expresé a Juan: "Has vivido 17 años creyendo un cuento que te has contado a ti mismo". Le expliqué que, cada vez que se encontrara con ese diálogo interior de "yo, me, mí, conmigo y contra mí", "me abandonó", "yo soy al que dejó", "pobre de mí", "todos contra mí", debía saltar la ecuación; eliminar el "yo, me, mí, conmigo y contra mí", y ver las cosas en perspectiva, imaginando dar cinco pasos hacia atrás para convertirse en observador.

De esa manera, Juan se dio cuenta de que el cuento que le habían contado por 17 años lo alejaba de su papá. Constantemente lo rechazaba y batallaba a diario para poder vincularse en relaciones con otros hombres.

¿Sabes? Nuestro cerebro tiene la capacidad para creer que la percepción que ve es la realidad. ¡Tu percepción es la realidad! Cada vez que vivimos algo que nos causa un gran sufrimiento y dolor, lo podemos transformar pensando que esta experiencia ha sido un gran aprendizaje. Al verlo de esta forma, el sufrimiento disminuye, lo que favorece la construcción de la vida que deseamos para continuar siempre hacia adelante; nos ayuda a no sentir que somos víctimas de nada ni de nadie, sino de nuestros propios diálogos internos.

Asociamos con una emoción cada una de nuestras experiencias y el sentido que les damos. Entonces, darles otro significado hará que nos centremos en otra emoción. Por ejemplo,

---

[15] Técnica usada por la escritora, "Vivir a colores", Tuti Furlán/Youtube

podemos pasar de la tristeza a la alegría. La idea es que la transformación resulte poderosa.

Cada capítulo de nuestra historia actual es justamente una preparación para construir la vida que anhelamos. Para lograrlo, tienes que tomar la decisión de contarte una historia diferente a la que te has contado hasta ahora. Cuéntate una mejor historia: mereces una nueva narrativa desde lo aprendido (no desde la víctima, desde la carencia, desde la herida, desde lo que no te dio, desde lo que te hizo).

Reformula, resignifica, reedita. Dale un nuevo significado a tu historia. Cada vez que te cuentes el cuento mental de "¡No me habla!", "¡No me quiere!", "¡No me abraza!", "A mí no me toman en cuenta", sal de la ecuación y quítale poder a "mí", "me", etc. Sustitúyelo de manera mental por "Soy el creador de mi película mental, y lo que quiero crear es _____ (escribe lo que sí quieres crear)".

Eres un ser resiliente porque has podido resurgir del dolor de las cenizas; has surgido desde la adversidad. Otra vez abrirás camino en el desierto, en la adversidad. Trasciende el dolor, elévate por encima de todo lo que sucedió. Cada vez que respondes de una manera satisfactoria, te vuelves el héroe de tu propia historia.

> "Cuando todo parezca ir contra ti, recuerda que el avión despega con el viento en contra, no a su favor."
>
> **—HENRY FORD**

Para realizar una efectiva e incluso atrevida reprogramación mental, podemos usar esta técnica. Gran parte de las personas que han logrado cosas fabulosas ya habían formulado la película de lo que lograrían. Entonces, para reprogramar tu cerebro, utilizaremos estas técnicas para dar un nuevo significado a tu historia.

EJERCICIOS

Vayamos a la parte práctica.

¡Vamos a ponernos creativos! En los espacios en blanco, vamos a crear el cartel de tu película. Elige un título de acuerdo con tu meta, inspirado en tus prioridades. Haz un dibujo de tu cartel de estreno. Se vale poner los personajes que participan, así como resaltar el mes y año en que será el estreno. Escribe una reseña clara, precisa, y concisa de lo que trata esta película. ¡Ponle mucho color!

Soy el creador de mi película mental, y lo que quiero crear son cosas espectaculares.

Esto nos ayudará a visualizar cómo serán nuestros próximos vínculos sanos con una gran aventura de éxito.

Escribe el título de la película.

_____

_____

Dibuja aquí el cartel de cómo será el estreno de tu película.

Dibuja a los participantes.

Dibuja a la estrella principal de tu película, que eres tú.

Ponle título a tu película y comparte el cartel en tus redes sociales. A contagiarnos del entusiasmo de nuestra película de éxito. Añade el *hashtag* #desintoxicatedeticonmiriamnenninger.

Programo mi mente

Cuando te encuentres con un pensamiento que no deseas, sustituye mentalmente a la brevedad por "Yo soy el creador de mi película mental, y todo lo que quiero crear es _____".

Y ahora te invito a hacer esta meditación:

Gracias Señor, porque soy un/a hijo/a tuyo/a creado/a con una fuerza interior para hacer junto contigo la mejor película de mi historia. Soy cocreador/a contigo para realizar el mejor estreno de mi vida. Gracias por permitirme resurgir; gracias por todo lo aprendido, por todo lo vivido; gracias porque dentro de mí hay un poder gestándose para poder representar el mejor papel estelar de mi vida. ¡Gracias!

Día 12:

SANANDO MI NIÑO INTERIOR

DECLARACIÓN

¡Hoy me abrazo!
Cuando era niño, hablaba como niño,
pensaba como niño, razonaba como niño;
pero, cuando llegué a ser hombre, dejé las cosas de niños.

¡A sanar! Hoy te invitaré a encontrarte con tu niño interior. Al hacerlo, te darás cuenta de que esta es una experiencia maravillosa y sanadora.

Es una técnica preciosa, una herramienta poderosa que abracé desde que la conocí hace aproximadamente siete años, en un curso impartido por Matilde Garvich, psicoterapeuta y socióloga, autora de varios libros (y ahora amiga y mentora mía). Desde entonces me di a la tarea de investigar. En mi deseo de conocer los orígenes sobre este tema, di con John Bradshaw, psicoterapeuta, investigador y autor, pero sobre todo un hombre temeroso de Dios. La técnica consiste en recrear escenas con tu imaginación. Para que no te distraigas, te pido que cierres los ojos y, mediante respiraciones lentas, vayas relajándote y preparándote para realizar un ejercicio teopsicoterapéutico.

A través de la visualización, recreamos la escena del dolor, la reparamos en nuestra imaginación y la restituimos. Añade a esto la presencia del Espíritu Santo sanando, arrancando todo lo negativo y viendo lo que realmente es poderoso. Solamente te lo describo como una experiencia espiritual. Sanar a nuestro niño interior es ponernos en contacto con esa parte interna cuya existencia desconocíamos y que representa nuestras emociones y sentimientos. Esa parte linda, noble, pura, tierna; encontrarnos con ese niño interior espontáneo, alegre, ocurrente, juguetón y travieso que nos estaba esperando.

Cuando te conectas con tu niño interior, comprendes que todo lo que sucede en la primera infancia (el dolor, la alegría, la frustración, los aciertos, los fracasos, los éxitos) es lo que nos prepara para los logros presentes. Cada experiencia que adquirimos en la vida pasa por el filtro de la infancia y, desde esa etapa o plataforma, podemos entender por qué repetimos situaciones sin darnos cuenta.

El niño interior se forma en los primeros años de vida, en que sufrimos el maltrato, el abuso, el desamor, el abandono, las miradas desaprobadoras y el rechazo de nuestros padres. Entonces, nuestra alma se lesiona. Ser afirmado es sentirse aprobado. Ayuda a desarrollar un autoconcepto en el niño. Tus afirmaciones van delineando el concepto de quién eres. Ejemplo: "eres niña", "eres niño", "eres estimado"; todo esto significa dar aliento y valor, alabanza y ánimo.

El trabajo con el niño interior consiste en darle armas de defensa. ¿Sabes cuáles son estas? Un adulto amoroso que le diga al niño interior que puede cometer errores porque es humano; un adulto amoroso que le diga: "Tienes derecho a disfrutar"; que le diga que sus palabras valen, que su aprobación tiene sentido, en cuya voz encuentre total aceptación. Un adulto que le diga que es bueno confrontar, que deje a un lado la crítica, el abuso, las descalificaciones, la desvalorización. Sanar al niño interior es recuperar recursos emocionales y espirituales que están dentro de nosotros y que hemos perdido a causa de las heridas provocadas por la crianza que vivimos. El propósito es que seamos libres para actuar, para sentir, para pensar, y para permitirnos ver nuestro propio camino, no el que nos impusieron o nos imponemos. Caminar en el camino que Dios tiene listo para nosotros: un destino poderoso.

EJERCICIOS

Vayamos a la parte práctica

Abraza a tu niño interior desamparado:

> Siéntate manteniendo la espalda recta.
> Relájate y concéntrate en tu respiración.
> Sé consciente de tu respiración durante unos minutos.
> Sé consciente del aire que inspiras y del aire que expulsas.
> Siente la diferencia del aire cuando entra y cuando sale.
> Concéntrate en esa diferencia (un minuto).
> Ahora imagina que estás bajando por una larga escalera.
> Desciende lentamente mientras yo cuento de diez a cero:
> Diez (diez segundos).
> Nueve (diez segundos).
> Ocho (diez segundos).

Cuando llegas al final de la escalera, giras a la izquierda y caminas por un largo pasillo con puertas a tu izquierda y a tu derecha.

En cada puerta hay un símbolo de colores (un minuto).

Miras hacia el final del pasillo y sientes un campo de fuerza luminosa.

Atraviesas esa cortina de luz y viajas por el pasado hasta la calle donde viviste antes de cumplir siete años.

Caminas por la calle hasta llegar a la casa donde viviste.

Mira la casa. Fíjate en el color, las ventanas, la puerta.

Ves a un niño pequeño que sale de la casa.

¿Cómo va vestido?

¿De qué color son sus zapatos?

Acércate a él y dile que formas parte de su futuro.

Dile que sabes mejor que nadie por todo lo que ha pasado: sufrimiento, abandono, vergüenza.

Dile que, de todas las personas que conocerá a lo largo de su vida, tú serás el único que jamás lo abandonará.

Ahora pregúntale si quiere venir a casa contigo.

Si la respuesta es no, dile que mañana volverás a visitarlo.

Si quiere venir contigo, tómalo de la mano y empiecen a caminar.

Mientras se alejan, tu padre y tu madre salen a la puerta.

Diles adiós con la mano.

Mira por encima del hombro y sigue andando mientras tus padres se vuelven más pequeños hasta desaparecer por completo.

Das vuelta a la esquina y ves a tu Dios Padre y a tus amigos más queridos esperándote.

Abraza a todos tus amigos y deja que tu Dios Padre penetre en tu corazón.

Ahora aléjate y promete a tu niño que lo visitarás cada día durante cinco minutos.

Escoge una hora determinada.

Comprométete a acudir a la cita fijada a esa hora.

Coloca al niño en la palma de tu mano y deja que encoja hasta llegar al tamaño de tu mano.

Colócalo en tu corazón.

Ahora camina hasta llegar a un hermoso lugar al aire libre.

Detente en el centro de ese lugar y reflexiona sobre tu experiencia.

Sientes una sensación de comunión contigo mismo.

Sientes la presencia de Dios Padre a tu lado acompañándote. Mira al cielo.

Ves que las nubes dibujan la silueta del número 5.

Ves que el 5 se transforma en 4.

Sientes tus piernas y tus pies. Ves que el 4 se transforma en 3.

Sientes la vida en tu estómago y en tus brazos. Ves que el 3 se transforma en 2.

Sientes la vida en tu cara, en todo tu cuerpo.

Ahora que estás a punto de despertar, serás capaz de hacer cosas con tu mente perfectamente despierta.

Ves que el 2 se transforma en 1 y te despiertas recordando esta experiencia.

Te recomiendo que elijas una fotografía de cuando eras pequeño/a; preferiblemente de cuando tenías menos de siete años, y la lleves en tu cartera.

Mírala de vez en cuando para que recuerdes que ese niño habita en ti.

Muchas indicaciones confirman que ese niño habita en nosotros.

Este niño es la parte más vital y espontánea de nosotros mismos.

Necesita ser integrado a nuestra vida.

Yo, como adulto/a, satisfago las necesidades de mi infancia.

Yo, como adulto/a, creo una nueva realidad para satisfacer mis necesidades emocionales.

Puedo crear un contexto para suplir las necesidades de mi infancia, por ejemplo:

Un hombre cuya necesidad de la infancia fue la falta de papá y ahora de adulto creó un grupo de apoyo para hombres que actúan como amigos y se ofrecen apoyo mutuo.

Una mujer cuya necesidad de la infancia fue la falta de juego, y ahora con sus hijas sale al parque para jugar desde su niña interior, que es alegre, espontánea y juguetona. ¿Y tú qué harás? Escribe en los espacios en blanco, junto con tu niño interior.

¿De qué tiene ganas todavía tu niño interior?

_____

_____

_____

_____

_____

Programo mi mente

El dolor que hay en mí se agota.
El dolor en mi interior se cura.
El dolor se desbloquea y se libera de cada uno de mis órganos.

Cuando te conectas con tu niño interior, comprendes que todo lo que sucedió en la primera infancia (el dolor, la alegría, la frustración, los aciertos, los fracasos, los éxitos) es lo que nos prepara para los logros presentes. Cada experiencia que adquirimos en la vida pasa por un filtro de la infancia; desde esa etapa o plataforma, podemos entender por qué repetimos situaciones sin saber por qué lo hacemos. Amar a tu prójimo como a ti mismo implica amarte a ti primero.

El amor y la aceptación hacia nosotros mismos es el único camino hacia la felicidad y a la capacidad de amar a los demás.

Si no nos amamos y no nos aceptamos, estamos condenados a crear falsas personalidades.[16]

Y ahora te invito a hacer esta meditación:

Bendigo a mi niño/a interior con sanidad en su corazón, con libertad, con espontaneidad, con amor, con alegría, con calma, con paz. Declaro que, a partir de ahora, yo me encargo de él/ella, suplo sus necesidades emocionales porque Dios suple las mías como adulto/a. Gracias, Señor, porque Tú me habilitas con sabiduría para adoptar a mi niño/a interior.

---

[16] Para ampliar información de este tema, se puede consultar el libro de Miriam Nenninger: *Vínculos adictivos que enferman y enloquecen.*

Día 13:

CÓMO SANAR LAS MEMORIAS QUE AÚN ME DUELEN

DECLARACIÓN

El dolor se agota de mi interior y fluye sanidad sobre todo mi cerebro, mente, cuerpo y espíritu

"El recuerdo es el diario que todos cargamos con nosotros".

—OSCAR WILDE

Hoy te ayudaré a aligerar tu mochila emocional. A lo largo de este *detox*, has ido identificando los recuerdos que te duelen. Si estuvieras aquí en mi oficina en San Diego, California, te invitaría a trabajar esta técnica supereficiente para sanar las memorias provocadas por las heridas producidas a raíz de esa relación adictiva, de esos eventos traumáticos que se acumularon con los años, o de los traumas de tu infancia que aún duelen y que hoy son recurrentes en tu vida.

Y justamente en este día te haré un regalo para que ejecutes esta técnica con la ayuda de alguien de confianza, de modo que, desde donde te encuentres, recibas sanidad. Te hablaré más de esta técnica para que la conozcas, y además te daré dos ejercicios que encontrarás más adelante.

La psicóloga y psicoterapeuta Francine Shapiro creó esta técnica neurocientífica, y se ha comprobado que es una de las mejores para trabajar el trauma. Se le conoce como *Eye Movement*

Desensitization and Reprocessing, EMDR por sus siglas en inglés [Insensibilización y Reprocesamiento por medio de Movimientos Oculares].

Se basa en utilizar el movimiento de los ojos para descargar la tensión y el trauma. El cerebro es una maravilla. Todo lo que la mente recoge en estado de vigilia, el cerebro tiene la capacidad de procesarlo cuando dormimos: es como si este se reiniciara para tener mejor salud mental al día siguiente.

Los ojos se mueven lateralmente contrastando información de un hemisferio al otro: emociones, recuerdos, imágenes visuales y sensaciones. Pero en ocasiones, el impacto emocional de una vivencia dolorosa es tan intenso que la emoción queda encriptada, y este movimiento ocular provoca el "reinicio" que el cerebro debería hacer de manera natural mientras duermes: la fase REM (*rapid eye movement*, en inglés; movimiento rápido de ojos, en español).

Si durante el sueño no se alcanza a procesar lo suficiente, existe la posibilidad de desarrollar estrés postraumático. De ahí la importancia de dormir durante la noche las ocho horas de rigor, especialmente después de experimentar un evento traumático. Por ejemplo: enfrentar muertes por COVID durante la pandemia; descubrir una infidelidad; recibir la noticia del divorcio; enterarte de que eres adoptado; enfrentar un aborto; enterarte de un intento de suicidio; lidiar con la pérdida de un bebé, un secuestro, un abuso sexual o algún tipo de violencia; descubrir que tu hijo consume drogas o saber que cambió de identidad; escuchar el diagnóstico de una enfermedad difícil... Cualquier evento que no veías venir y que sucedió; esos "de repentes de la vida" que generan un gran impacto emocional.

Ante toda vivencia que recuerdes o revivas, un sufrimiento similar conectará con aquel dolor primario ocasionado, reaccionando a la vida con miedos, trances (el trance se da cuando revives la escena ante cualquier estímulo, activando el sistema límbico, responsable de nuestro estado emocional). Revives la escena por algún estímulo, frase, canción, olor o sensación que trastoca tu herida de lo vivido.

¿En qué ayuda la técnica EMDR? Ayuda a procesar los recuerdos, a disociar y desconectar la emoción dolorosa del evento. Desconecta la emoción del recuerdo de la vivencia traumática. De este modo se procesa dicha experiencia como un recuerdo, pero ya no con la emoción. Ayuda a diluir el dolor, a digerir situaciones presentes. Ayuda a que no arrastres el trauma del pasado y te genere perturbación en tu narrativa. El propósito es que el recuerdo quede en el pasado sin dolor.

Vamos a la práctica

TÉCNICA 1: PATRÓN DE MOVIMIENTO VISUAL PARA AYUDAR A DILUIR EL DOLOR

1) Te voy a invitar a que te sientes cómodamente.
   Ahora, mientras te encuentras sentado derecho, apoya tu espalda sobre un respaldo con las piernas y los brazos sin cruzar.
2) Cierra los ojos. Respira suavemente. Concéntrate en tu respiración, hasta que sea lenta y profunda. La respiración te va a traer al momento presente y también te ayudará a fijar tu atención en tu cuerpo, donde identificarás las sensaciones que sientes. La respiración tiene que ser fluida, a tu ritmo durante todo el proceso.
3) Con tus ojos cerrados y como mirando hacia enfrente, enfoca tu mente en una imagen que representa la peor

parte del recuerdo. Imagina la película mental de ese evento, situación memoria o emoción que te haya afectado o que te siga afectando ahora, y date permiso de sentir la intensidad de la emoción guardada. Solo piénsalo y siéntelo, no lo verbalices.

4) Ahora haz un escaneo en tu cuerpo. Identifica qué tan fuerte es la sensación, el sentimiento, del uno al diez, donde diez es la intensidad máxima.

5) ¿Qué tan familiar es este sentimiento para ti?

6) ¿Te acuerdas de la primera vez que lo experimentaste?

7) ¿Te acuerdas de alguna vez que lo hayas vivido de nuevo?

8) Concéntrate intensamente en la emoción del recuerdo, enfócate en la memoria.

Instrucciones:

Con los ojos abiertos, hagamos la estimulación bilateral, que consiste en un movimiento lateral, abarcando cien centímetros de largo. Tú harás el movimiento ocular iniciando de izquierda a derecha. Mientras realizas los movimientos oculares, extiende a esa dimensión esos cien centímetros, sin mover la cabeza. Solo repasa el movimiento ocular, de izquierda a derecha, seis veces.

Haz una pausa; respira profundo; revisa tu cuerpo, tus sensaciones, cómo te sientes; y repite el movimiento ocular. Al terminar, respira profundo, quédate unos minutos reposando en silencio. En caso de haber habido mucho movimiento en tu interior, te invito a que te levantes y tomes agua: eso te hará bien.

Hay algo importante que necesitas saber: este ejercicio sigue sanando aun después de ser aplicado. Dale su propio tiempo

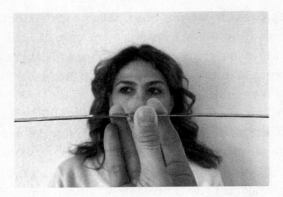

para que el cerebro lo procese. Puedes realizar el ejercicio una vez al día, hasta disminuir la intensidad y llegar a cero con la emoción.

Escribe cómo te sentiste con el ejercicio.

_____

_____

_____

_____

_____

TÉCNICA 2: LA TÉCNICA DEL ABRAZO DE LA MARIPOSA[17]

El abrazo de la mariposa es una técnica basada en EMDR. La base de esta técnica es la estimulación bilateral a través de los movimientos de *tapping* con la mano. A través de estos movimientos, la técnica estimula la comunicación entre el hemisferio izquierdo con el hemisferio derecho y ayuda a disminuir la tensión y el malestar. La técnica fue desarrollada por la psicóloga y terapeuta EMDR, Lucina Artigas. Lucina trabajó en Acapulco, Guerrero (México), especialmente con menores que se encontraban solos después del huracán Paulina en 1997. Consiguió aliviar el miedo y la angustia a los supervivientes de una manera sencilla y fácil.

¿Cómo hacer el abrazo de la mariposa?[18]

Cruza los brazos sobre el pecho. La punta del dedo medio de cada mano debe quedar bajo la clavícula, y el resto de los dedos y la mano deben cubrir el área que se encuentra debajo de la unión de la clavícula con el hombro y de la clavícula con el esternón. Para ello, mano y dedos deben estar lo más verticalmente posible (los dedos dirigidos hacia el cuello, y no hacia los brazos). Una vez hecho esto, se pueden entrelazar los dedos pulgares (formando el cuerpo de la mariposa); los otros dedos formarán sus alas.

---

[17] https://www.youtube.com/watch?v=N2ZNtyDJ7yY

[18] https://www.researchgate.net/publication/340385520_El_Abrazo_de_la_Mariposa_Metodo_de_Terapia_EMDR_para_la_Autoadministracion_de_Estimulacion_Bilateral

EJERCICIOS

Vamos a la parte práctica

1) Cierra los ojos. Respira suavemente. Concéntrate en tu respiración hasta que sea lenta y profunda. La respiración te va a traer al momento presente y, también, te ayudará a fijar tu atención en tu cuerpo, donde identificarás tus sensaciones. No es necesario que retengas el aire. La respiración tiene que ser fluida, a tu ritmo, el cual tienes que mantener durante todo el proceso.

2) Con tus ojos cerrados y como mirando hacia enfrente, enfoca tu mente en una situación que te genera malestar, ansiedad, miedo etc.

3) Suavemente inhala y exhala solo una vez. Recibe las sensaciones que aparecen en tu cuerpo. Ahora identifica en qué parte de tu cuerpo aparecen.

4) Trae a tu mente la imagen que representa la peor parte del recuerdo; imagina la película mental de ese evento, permitiendo sentir la intensidad de la emoción guardada.

5) Ahora haz un escaneo en tu cuerpo. Identifica qué tan fuerte es la sensación, el sentimiento, del uno al diez, donde diez representa la mayor intensidad.

6) Ahora, siéntate derecho, recargando tu espalda sobre la pared con las piernas y los brazos sin cruzar. Acto seguido, coloca tus brazos en posición de mariposa. Permanece unos minutos concentrado en la imagen o memoria y haciendo *tapping* (movimiento con los dedos). Es decir, golpea suavemente con las yemas de tus dedos en la clavícula, primero en un lado y luego en el otro (los dos a la vez no), de manera alterna mueve una mano y otra al ritmo de un reloj tic-tac.

Haz cuatro bloques de quince movimientos y, entre cada bloque, haz una pausa. Baja los brazos, haz una respiración profunda y continúa. Hazlo de nuevo y revisa tu cuerpo. Del uno al diez, ¿cómo se siente? Lo más habitual es que haya disminuido la intensidad; si no es así, no te preocupes: mientras lo hagas, se irá disminuyendo. Vuelve a hacerlo otras quince veces. Repite lo mismo.

Programo mi mente

Cada vez que se te venga un pensamiento que te duela, sustitúyelo en ese momento por lo siguiente:

Ahora mi atención y energía la enfoco en _____
_____. (Escribe dentro de las líneas aquello con lo que deseas remplazar la memoria dolorosa. Recuerda: escribe en positivo. Al cerebro hay que darle instrucciones específicas, tales como vivir sano, sentir en mi corazón libertad, alegría, paz). Repítelo tantas veces como sean necesarias en el día.

Y ahora te invito a hacer esta meditación:

Te invito a que coloques tu mano sobre el lugar donde se manifestaron las sensaciones en el cuerpo, y repitas estas palabras:

"Señor Jesús, oro sobre mi cuerpo sanidad y digo que todo síntoma físico se disocie de la emoción encapsulada. Le digo a mi cuerpo que se desintegre y desprenda la emoción encapsulada, y salga por llanto o respiración, junto con toda sensación en mi cuerpo que se haya guardado por impacto de un shock emocional, sea de asombro, susto, tristeza, dolor, enojo, soledad, abandono, miedo, angustia y trauma... Queda desprendida, disuelta eliminada de mi cuerpo en el nombre de Jesús. Soy sano física y emocionalmente".

Y finalmente declara: "¡Gracias, Señor, porque hecho está!".

Día 14:

ADOPTANDO A MI NIÑO INTERIOR

DECLARACIÓN

"Despierta a tu niño interior con nueva imaginación y con tu nueva inocencia, descubre un nuevo tú, un mundo nuevo".

—LIZ (ELIZABETH ABRAMS)

¿No te cansas de dar lástima? ¿De culpar al mundo entero por lo que te pasa? ¡Hoy se acabó! Llegó tu día de vivir la vida y tus relaciones desde el adulto responsable que eres.

Vivir la vida desde el diálogo interno de la carencia es como estar sentado/a en la silla de la víctima viendo lo que no tenemos, lo que nos hace falta, y solo pedir que nos den y nos satisfagan. Estamos viviendo desde nuestro niño herido y necesitado, y buscamos que nos cuiden, nos amen, nos abracen, nos aprueben y nos den reconocimiento. Buscar fuera de nosotros nos lleva a la codependencia. Por eso, el trabajo con el niño interior me fascina, pues abre posibilidades de sanidad. Cuando te encuentras con él y lo adoptas, se abre el camino a la sanidad, pues lo que ese niño herido quiere es tener un protector, un cuidador interno que le diga: "Aquí estoy. Te quiero, y en mis brazos estarás seguro. No volverás a estar solo. Yo, como adulto, me hago cargo de ti". Nos relacionaremos desde nuestra parte adulta haciéndonos responsables de cada decisión tomada, reconociendo que yo lo permití, yo lo elegí, yo lo decidí, yo dije que sí. Vivir desde aquí es muy lindo porque implica que asumimos, enmendamos y solucionamos, y eso nos permite crecer y regresar a nuestro poder: el poder de decidir, de ser y estar. El poder de decir "no" o el poder de decir "sí" cuando te dé la gana.

No necesitas buscar afuera lo que ya tienes adentro. Solo te voy a llevar a que contactes con esa hermosa e inagotable fuente de amor.

Y este es el siguiente proceso de visualización que voy a llevar a tu cerebro a recrear.

EJERCICIO

Te invito a que pongas una música suave y muy linda que te invite a relajarte. Te sugiero la música de mi amigo Pedro Abiu, *Sonidos del cielo* (volumen 2).[19]

Cierra los ojos y ponte cómodo. Respira profundo, inhala y exhala despacio (un cerebro oxigenado entra en calma). Relaja tu cabeza, cuello, espalda y el resto de tu cuerpo mientras respiras. Relaja tus piernas y tu estómago.

Te invito a que elijas un lugar seguro, el que tú quieras. Puede ser un paisaje, un bosque, una playa, la ciudad. Si elegiste la playa, ese será tu lugar seguro. Imagínate que estás allí caminando por la orilla del mar. Tus pies sienten la arena; tu cuerpo siente el clima: una temperatura agradable (ni frío ni calor). Sigues caminando por la playa y, mientras caminas, respiras, inhalas y exhalas, disfrutando del sonido del agua. De pronto, se termina la playa y te encuentras en la calle del vecindario, cerca de la casa en que vivías cuando eras niño pero, si viviste en

---

[19] https://open.spotify.com/track/5FJhJCcRMImT2U5gNze8Dw?si=c qTAUC1uQimR8pMj6sYCjg

diferentes lugares, elige uno de estos. Imagínate que, a lo lejos, ves la casa donde creciste. Dirígete allí y entra, pero como un adulto. Recuerda tu grandeza, todo lo que has logrado como adulto; recuerda tu poder. Observa los muebles, las cortinas, el color de las paredes. Percibe el aroma, la sensación que experimentas al ponerte en contacto con todos esos aromas. Haz un recorrido por todos los cuartos de la casa buscando a tu niño interior. Ve a la cocina, al comedor, a tu recámara y, cuando llegues allí, puedes buscar debajo de la cama: tal vez ahí está escondido ese niño. Puede que esté en el baño o escondido en el armario.

"En mi alma, todavía soy ese pequeño niño al que no le importa nada más que los colores de un arcoíris".

—PAPIYA GHOSH

¿Encontraste a tu niño interior? Una vez que lo hayas encontrado, quiero invitarte a que te arrodilles a la altura de ese niño y, mirándolo a los ojos, le digas: "Hola, yo soy tú, pero grande; ya crecí. Trabajo, manejo, tengo dinero, compro lo que quiero, como lo que quiero y hago lo que quiero. Si ya estás cansado/a, díselo. Perdóname por no haberte venido a buscar antes; no sabía que me estabas esperando". Puedes tomar sus manos y preguntarle cómo está. "¿Sabes?, hemos recorrido muchas millas juntos. Yo conozco tu historia, tu dolor, por todo lo que has pasado. Sé que tal vez no me conoces; entiendo que estés asustado. También sé que los niños que no conocen a los adultos se asustan. ¿Sabes?, vine por ti, a encontrarme contigo, a pedirte que me perdones por haberme olvidado de ti. Te quiero a mi lado. Quiero adoptarte y que seamos amigos, de esos amigos que se acompañan mutuamente".

En ese momento, imagínate tú como adulto. Le tomas la mano y lo invitas a que vaya contigo. "Te llevaré donde yo vivo". Lo conduces a que se despida de la casa, le pides que salga de allí, lo llevas a la arena o a ese lugar donde te sientes protegido junto a él. Se sientan. Imaginas la mirada de ese niño. Su corazón, ¿cómo se siente?

Ahora, sentados ambos en la arena, puedes decirle que tú lo cuidarás y lo protegerás. En ese momento, se acerca el Señor Jesús y te dice al oído: "Yo te voy a habilitar para que tú sanes a ese niño/a mediante mi poder. Tus brazos serán mis brazos y, cada vez que tú abraces al niño, yo te abrazaré. Cuando este niño tenga miedo, protégelo tú; cuando esté triste, consuélalo; cuando esté aburrido, juega con él. Dale compañía. Él anhela estar contigo. Quiero que sepas que Yo estoy contigo. Tú hazte cargo de este niño, y yo me haré cargo de ti. Yo te abrazo y te protejo".

En ese momento, tú, como un adulto, volteas y ves a los ojos de tu niño y le dices: "Quiero que sepas que, cuando tengas miedo, yo te voy a cuidar. Cuando tengas ganas de jugar con alguien, yo voy a jugar contigo. Cuando te sientas solo, yo te voy a dar compañía. Cuando tengas ganas de un abrazo, yo te voy a abrazar. Yo siempre voy a estar aquí para cuidarte y protegerte en todo momento". Lo abrazas, bendices su corazón y acaricias su cabello. Lo bendices con todo lo que le hace falta. Luego, imaginas que caminas con tu niño interior respirando y soltando. Lo invitas a vivir contigo y lo llevas en tu carro, en tu avión. Y dile que ya eres grande, que manejas, que dispones de tus finanzas y que vas adonde tú quieres.

Llegas a la casa donde vives y das un recorrido. Al llegar a tu recámara, le dices: "Bienvenido a casa". Sacas un regalo del clóset y se lo entregas. Dile que lo tenías preparado para él. De pronto, alguien golpea la puerta y es Dios Padre; saca tu teléfono y toma una *selfie*: Dios Padre y tú como adulto. Inhala y exhala suavemente. Ahora, mueve tus muñecas y tus tobillos en círculos. También mueve en círculos tus pies y tu cuello.

EJERCICIO

Vayamos a la parte práctica

Escribe tu experiencia con tu niño interior. ¿Qué sentimientos experimentas?

_____

_____

_____

_____

_____

Escribe una carta a ese niño interior. ¿Cómo estás? Escribe el nombre que te decían cuando eras pequeño (un nombre que te haga sentir cómodo).

_____

_____

_____

_____

_____

Programo mi mente

Cada vez que tengas un pensamiento de "me hace falta" o "me siento solo/a", haz una pausa, imagina a tu niño/a interior y susúrrale al oído: "Me tienes a mí, aquí estoy contigo. Recibe mi amor; recibe mi cariño; estás pleno/a.

Cada vez que tengas un pensamiento de carencia, sustitúyelo por la frase "Tengo todo lo que necesito; no me hace falta nada" tantas veces como sea necesario durante el día.

Cada vez que te percibas con miedo o angustia, que te sientas solo y aburrido, haz una pausa, cierra los ojos, e imagínate como adulto junto a tu niño interior: volteas, ves a los ojos de tu niño y le dices: "Aquí estoy, ¿te acuerdas de que te dije que, cuando tengas miedo, yo te voy a cuidar? Cuando tengas ganas de jugar con alguien, yo voy a jugar contigo. Cuando te sientas solo, yo te voy a dar compañía. Cuando tengas ganas de un abrazo, yo te voy a abrazar. Yo siempre voy a estar aquí para cuidarte y protegerte en todo momento". Imaginas que lo contienes, calmándolo, validándolo, acompañándolo, defendiéndolo, amándolo y protegiéndolo.

Y ahora te invito a hacer esta meditación:

Gracias, Señor, por el regalo de adoptar a mi niño interior. Dame de ti para poder cuidarlo/a y hacerlo/a crecer junto conmigo.

Gracias por ese amor que fluye dentro de mí de una manera inagotable para poder nutrirlo. Gracias por esa paz que hay en nuestros corazones.

Día 15:

TENGO PODER SOBRE MIS PENSAMIENTOS

DECLARACIÓN

"Todos los días, Dios nos da un momento en que es posible cambiar todo lo que nos hace infelices. El instante mágico es el momento en que un sí o un no pueden cambiar toda nuestra existencia".

—PAULO COELHO

Me gusta mucho lo que la coach del corazón, Bárbara de la Rosa, expresa acerca de las emociones. Ella dice que estas son como un plato de comida que incluye carbohidratos, proteínas, cereales, legumbres, y es uno quien elige si comerá saludablemente o no. Así como elegimos qué tipo de alimento entra a nuestro cuerpo, nuestra alma también requiere que nos alimentemos de emociones sanas, positivas y nutritivas. Veamos entonces cómo se producen nuestras emociones.

Todo comienza con un pensamiento; luego se transforma en una emoción, que se convierte en un estado de ánimo. Es uno mismo quien tiene el poder de elegir cómo se va a sentir, ya que todos tenemos diferentes estados emocionales para poder explorar. Me gustaría empezar con la definición de *emoción*. Esta deriva del latín *emotio, emotionis*, que a su vez deriva del verbo *emovere*, cuyo significado es movimiento, impulso, motivo, motor. La emoción se caracteriza por ser una alteración del ánimo de corta duración; es decir, que somos capaces de sacar nuestro cuerpo y mente del estado en el que se encuentre, si este está dañando o perjudicando nuestra salud emocional.

Las emociones fueron diseñadas para que podamos movernos entre ellas, y no para estacionarnos en una sola. Se han realizado muchas investigaciones sobre cuantas emociones existen y se han añadido muchas a la lista, pero hoy solo quiero hablarte de cinco emociones, y me encanta decirte que son perfectas. Fueron diseñadas para sentirlas, honrarlas, escuchar qué nos quieren decir, identificarlas en el cuerpo cuando aparecen, en qué parte del cuerpo se manifiestan, y si no las movemos, se estacionarán y aparecerán en forma de síntomas y en enfermedad en el cuerpo.

Mi invitación es a integrarlas en tu ser para entonces gestionarlas, no para que te estaciones en ellas. Cuando te estacionas por largo tiempo en la tristeza, aparece la distimia; cuando te estacionas por mucho tiempo en el enojo, aparece la tristeza y se convierte en depresión.

Aquí te menciono las emociones básicas: miedo, enojo, alegría, tristeza y asco.

ENOJO

Entendiendo que el enojo mal gestionado cumplirá su función en ti, que es destruirte, destruir tu salud física, mental y espiritual, y destruir tus relaciones con la gente que amas, con tu trabajo, con la comida, con el dinero, con todo… Por eso, te invito a que aprendas a gestionar esta emoción. ¿Cómo? Sácala de tu cuerpo gritándola a solas, no a alguien. Te recomiendo ponerte una toalla en la boca y gritar. Esto te ayudará a que no se escuchen fuerte los gritos. Sal a caminar en un lugar solo. Si tienes una bolsa de boxear, golpéala para liberar al cuerpo de esa energía guardada en tu interior.

Ahora, identifica qué pensamiento sustenta tu enojo. Pregúntate: ¿en qué he estado pensando antes de que llegara el enojo? ¿Cuál ha sido mi conversación interna con esa persona?

El enojo bien calibrado te sirve de impulso para salir de esa situación de la que ya te has hastiado.

En ocasiones, ante alguna situación, el enojo funciona como el impulso para tomar decisiones. Te ayuda a moverte de un estado emocional a otro, como una fuerza que te sostiene para cambiar.

MIEDO

El miedo, al igual que el enojo, tiene dos funciones: o te paraliza frente una situación de amenaza o te sirve como un mecanismo de sobrevivencia que te impulsa a reaccionar, huir o correr ante el peligro.

¿Qué hacer cuando sientes miedo? Darle la bienvenida, honrarlo. Ahora, identifica qué pensamiento sustenta tu miedo. Reflexiona: ¿en qué he estado pensando antes de que llegara el miedo?

El miedo hay que gestionarlo adecuadamente. Las preguntas anteriores te ayudarán con este proceso de autogestión, porque si permites que te paralice, mira lo que puede provocar: el miedo activa todos nuestros defectos de carácter. A través del miedo manipulo, controlo, persigo, asfixio, peleo, agredo, comparo, critico, juzgo, menosprecio, humillo y me vuelvo iracundo.

Respira, toma una pausa, identifica qué te pasa cuando estás en el miedo.

TRISTEZA

La palabra tristeza proviene del latín *trístĭtĭa*, y hace referencia a la emoción que experimentan los seres humanos como consecuencia de algo que los afecta negativamente. Este estado de ánimo suele estar acompañado de melancolía, nostalgia y llanto.

La tristeza es una de las emociones que, por lo general, no nos gusta sentir. ¿Qué hacer cuando se asoma la tristeza? Honrarla, escuchar su sensación. Dialoga con ella y pregúntate cuánto tiempo te quieres quedar ahí. Reflexiona cuán saludable puede ser quedarte en la tristeza. Ahora identifica qué pensamiento sustenta tu emoción de tristeza. Pregúntate: ¿en qué he estado pensando antes de que llegara la tristeza? Lo que la tristeza te pide la mayoría de las veces es acogimiento emocional y espiritual, estar a solas contigo mismo. ¿Qué toca hacer? Tomar un espacio para aislarte y estar contigo mismo. Eso es lo que el cerebro necesita para configurarse y reiniciarse. Honra a la tristeza y no la resistas.

ASCO

El asco es la respuesta emocional causada por la repugnancia o aversión que se tiene por alguna cosa o por una impresión desagradable.

Cuando sientas asco o repugnancia por alguna adicción, algún hábito, patrones repetitivos en tu vida, ¡ahí es! El asco es el motor impulsor que te hace decir "esto se acabó". Es el que da la fuerza para cambiar, para desatarte de los apegos y salir de las adicciones.

ALEGRÍA

La alegría, además de ser una emoción, también es un estado que nos permite vivir en serenidad y sentirnos completos. En el cerebro se activa y abre una compuerta bioquímica que libera endorfina, una hormona que provoca en todo el cuerpo una presencia divina como flujo transformador y energizante. Es muy necesario producir y elegir la emoción de la alegría en este tiempo de pandemia, para vivir la vida en plenitud.

Entonces, cuando menciono que las emociones fueron creadas para transitar entre ellas, me refiero a que tienes el poder de impulsarte a salir del enojo, y moverte a un estado de calma de perdón; cuando estás viviendo desde el miedo, tienes el poder de impulsarte y salir de la victimización, y vivir desde el amor en un lugar más amoroso y lindo.

¿Cómo me muevo o me salgo de una emoción a otra? Jaqueando tu cerebro, cada vez que te descubras enojado, toma impulso y muévete físicamente, sube y baja escaleras, lávate la cara, vete a caminar, levántate si estás sentado, cambia tu diálogo interno, escucha música.

Entonces, si las emociones se crean y se sostienen por pensamientos, elijamos los que nos elevan a un estado emocional alto, aquellos que produzcan gran impacto en el cuerpo y mantengan la mente en balance y armonía.

> "No es lo que te llamen, es aquello que respondes".
> —W. C. FIELDS

¡Así es! Los pensamientos también se eligen. De la misma manera en que consumimos ciertos tipos de alimentos para nutrirnos, también podemos elegir los pensamientos. Elijamos sentirnos muy bien.

Joel Dispenza, escritor e investigador especializado en neurociencia, define el pensamiento como ideas, recuerdos, creencias, juicios, conceptos, opiniones, imágenes, impresiones, percepciones o una foto mental. Los seres humanos tenemos entre sesenta mil y setenta mil pensamientos por día, y el 90% de estos los volvemos a pensar al día siguiente de la misma manera. Es decir, los mismos pensamientos no llevan a elegir las mismas opciones, lo que lleva a repetir los mismos comportamientos. A su vez, estos te llevan a repetir las mismas experiencias y a producir las mismas emociones, que conducen a pensar los mismos pensamientos. De esta manera, se forman dos espirales en nuestra mente que causan una gran fuga de fuerza y de energía física vital.

El pensamiento es previo a la emoción, y esos pensamientos crean un relato que nos contamos, y es ese cuento lo que vuelve a sentarnos en la silla del ego, a entronarnos, y desde ahí vivimos como niños heridos, desde la carencia, desde lo que nos falta, lo que no tenemos… es decir, desde la víctima. Te invito a movernos, a levantarnos y cambiar de silla, y elegir sentarnos en la silla del Espíritu, donde se vive en el amor, la paz, la aceptación y la valentía, a vivir como adultos, como seres responsables y libres.

"La revolución ocurre cuando la víctima deja de cooperar".
—KARL HESS

Cuando tienes pensamientos el cerebro produce químicos que te hacen sentir exactamente como lo que estás pensando. En cuanto te sientes de acuerdo con lo que sientes, este circuito continuo crea un círculo de reacciones llamado estado del ser.

Los pensamientos son energía que fluye a través de nosotros. Los pensamientos aparecen y desaparecen, esa es su naturaleza. Si nosotros nos identificamos con ellos, se quedan en nuestra mente y gobernaran nuestra realidad llevándonos a conocer el infierno o a tocar el cielo. Dependiendo de lo que elijas pensar, se decanta cómo vas a sentir y a vivir tu realidad.

Por ejemplo, si piensas en algo que te genera miedo, empezarás a sentir miedo, temor. Y si te pido que pienses en más cosas que te dan miedo, ¿qué experimentarás? más miedo. Y si deseamos aumentar el miedo extremo, y te pido que imagines escenas de películas de terror, ¿qué crees que pasará? Más miedo producirás.

En el instante en que enfocamos toda la atención en ese sentimiento, el mismo nos lleva a tener más pensamientos que refuerzan esta energía, y esto desencadena la liberación de compuestos químicos en el cerebro que causan una respuesta emocional.

EJERCICIOS

Vayamos a la parte práctica

Imagínate que en tu mente traes una grabadora que repite y repite lo que te estás diciendo.

Escribe aquí qué te dices todo el día:

Escribe cuál es el diálogo que constantemente te repites.

_____

_____

_____

Identifica los pensamientos que te abruman todo el tiempo.

_____

_____

_____

Escribe cuál es el pensamiento que está sosteniendo esa emoción.

_____

_____

_____

A continuación, escribe la lista de pensamientos con los que deseas sustituir los pensamientos de tu diálogo tóxico:

_____

_____

_____

"Escribe en tu corazón que cada día es el mejor día del año".
—RALPH WALDO EMERSON

Ya nos dimos cuenta de que detrás de un estado emocional indeseado, hubo un diálogo que estuvimos repitiendo en nuestra mente. El reto es reemplazar el diálogo por pensamientos de alto impacto. Imagínate quién serías sin ese pensamiento.

¿Cómo actuarías?

_____

_____

¿Quién serías sin ese pensamiento?

_____

_____

¿Qué dirías?

_____

_____

¿Qué caras harías?

_____

_____

Escribe una lista de emociones de alto impacto que decidas producir en tu día.

_____

_____

_____

Escribe una lista de pensamientos que producirán los estados emocionales de alto impacto que decides tener.

_____

_____

_____

Recuerda que emoción significa movimiento. Entonces, te recomiendo que cuando te encuentres durante el día en una frecuencia baja, utilices la técnica *Make a movement* (Haz un movimiento) y piensa: "El movimiento crea una nueva emoción". Un sentimiento genera un cambio corporal.

¿Qué tipo de actividades te ayudan a aumentar los niveles de frecuencia en tu cuerpo? Puede ser subirte a una bicicleta, meditar, cantar, caminar, bailar, escuchar música. O simplemente, cada vez que te descubras pensando en emociones de bajo impacto o de baja frecuencia, levántate, toma agua, échate agua en la cara, pon música… Al cerebro hay que jaquearlo.

Tengo varias *playlists* en mi Spotify. Sígueme. Una dice: "Música que me pone de buenas", "Música que sube mi energía", "Música que me inspira". Así, dependiendo de la emoción que quiera generar, despliego todo el arsenal que tengo para producir en mí los mejores pensamientos.

Tenemos que planear nuestro día emocional:

¿Qué emoción hoy decido producir?

¿Qué estoy dispuesto/a hacer hoy por mí mismo?

¿Qué acciones tomaré hoy?

¿Qué pasos daré hoy a mi favor?

_____

_____

_____

_____

Decide cómo te sentirás contigo mismo/a.

Los grandes cambios siempre vienen acompañados de una fuerte sacudida. No es el fin del mundo: es el inicio de uno nuevo.

Escribe la lista de acciones que harás y, al lado, las emociones que producirás con estas.

_____	_____
_____	_____
_____	_____
_____	_____

Un pensamiento que se refuerza con una acción tiene todo el poder para crear una emoción. ¡Este poder es todo tuyo!

Una frase célebre de Barack Obama, expresidente estadounidense, es: "La mejor manera de no sentirse desesperado es levantarse y hacer algo". Y dice Gustave Le Bon (1841-1931), médico y sociólogo francés: "Las voluntades débiles se traducen en discursos; las fuertes, en actos".

Busca un lugar tranquilo y silencioso, y llena los espacios en blanco. Y, cuando te encuentres con un pensamiento negativo, repite: "Tengo el poder de crear _____ (elige alguna de las emociones del *Diccionario de Emociones de Alto Impacto* tantas veces como sean necesarias en el día.

¿En qué emoción descubres que estás la mayoría del tiempo?

_____

_____

_____

¿Cuál emoción quieres producir?

_____

_____

_____

Con este ejercicio has adquirido un grado de conciencia, y eso es lo que la mente necesita para dar un salto, un movimiento, y caminar en tu propósito en la vida.

Te invito a tomar conciencia de cómo, en pequeñas o grandes acciones, han estado este mes en tu vida las siguientes emociones:

ALEGRÍA	ENTUSIASMO
CONOCIMIENTO	ILUSIÓN
PODER PERSONAL	FELICIDAD
LIBERTAD	EXPECTATIVAS POSITIVAS
AMOR	CREENCIAS POTENCIADORAS
GRATITUD	OPTIMISMO
APRECIACIÓN	ESPERANZA
PAZ	SATISFACCIÓN
PASIÓN	ARMONÍA

En caso de que sientas que una o alguna de estas emociones no han estado presentes o han estado muy poco presentes, subraya en color. Y con el color escribe lo siguiente aquí: "Tengo el poder de crear más _____ (escribe la emoción que corresponda) en mi vida, porque solo yo puedo elegir mis pensamientos de _____ (de la emoción que corresponda) y mis acciones en congruencia con _____ (la emoción que corresponda)". Lee en voz alta y, si surgen ideas, es momento de ponerlas en acción.

Programo mi mente

A partir de hoy elegirás cuidadosamente lo que piensas; no le tienes que dar la bienvenida a todo lo que llega a tu mente. Reemplaza y rechaza los pensamientos negativos, críticos, de juicio, de enojo, de tristeza. Cada vez que llegue un pensamiento negativo o doloroso, reemplázalo por otro pensamiento de bien, agradable, y dile: "Pensamiento, ya cumpliste tu propósito en mi vida. Ahora quiero pensar en todo lo bueno, en todo lo que es digno de alabar, todo lo lindo y amoroso que elijo para mi vida".

Y ahora te invito a hacer esta meditación:

Señor Jesús, gracias, porque en Ti soy fuerte; en Ti tengo poder sobre mis emociones y pensamientos. Someto los pensamientos negativos y los reemplazo por pensamientos de alto impacto sobre mi estado emocional. Tengo el poder de elegir cómo sentirme; solo tengo que unir el pensamiento con la acción. Tengo el poder de crear mis estados emocionales.

Día 16:

SOLO TÚ PUEDES CREAR
UNA NUEVA REALIDAD

DECLARACIÓN

Yo creo mi nueva realidad.
Yo elijo mis creencias para vivir la vida que deseo.
Cuando cambio la forma de pensar sobre mí, se
transforma el modo en que me siento conmigo mismo.

Es genial saber que en mi cerebro se crean mi vida, mi libertad, mi realidad, mi sanidad y mi recuperación. Iniciamos el día de reprogramación mental. Haz de cuenta que tu cerebro es una computadora en la que existen ciertos programas que crean tu realidad, tu salud, tus relaciones, tus finanzas, etcétera.

Si deseas hacer cambios para crear una nueva realidad, será fundamental trabajar en los programas mentales que te permitirán lograrlo.

"Cuando todos los recursos físicos y mentales se
centran, la habilidad de uno para resolver un problema
se multiplica enormemente".

—**NORMAN VINCENT PEALE**

Si quiero emprender un negocio, tengo que estar en un nuevo espacio de pensamiento y emoción donde pueda crear mi nueva realidad, un espacio donde no se hable de escasez. La vida que tengo es el resultado de un mismo programa que llevo en mi mente. Por eso: ¿qué debo escuchar? ¿Con qué personas debo conversar? ¿Con quién tengo que hablar? Si quiero una vida diferente, tengo que trabajar en la reprogramación de mi mente. No se puede poner un vino nuevo en un odre viejo. Norman Vincent Peale dice: "La persona que envía pensamientos positivos activa positivamente el mundo a su alrededor y atrae resultados positivos para sí mismo". La mente es como una vasija que debemos ir moldeando y, cada vez que ponemos mano en esta, estamos cambiando pensamientos que ya no sirven, creencias erróneas, emociones que nos enferman. Es un trío completo, un cambio de tres patas: pensamiento, emoción y acción.

> "Las personas son tan felices como piensan que lo son".
>
> **—ABRAHAM LINCOLN**

EJERCICIOS

Vayamos a la parte práctica

Escribe las cosas positivas que piensas de ti.

_____

_____

_____

Programo mi mente

Cuando percibas un pensamiento erróneo, sustitúyelo rápidamente por un nuevo concepto y repite: "Yo creo mi nueva realidad". Tú mismo puedes cambiar la historia de tu vida. Ya estás listo para motivarte. Si logras esto, habrás ganado la pelea. Cambiando la forma de pensar sobre ti, cambiarás la forma en que te sientes contigo mismo.

> "Aprendí que el coraje no es la ausencia de miedo, sino el triunfo sobre este. El hombre valiente no es aquel que no siente miedo, sino el que conquista ese miedo".
>
> **—NELSON MANDELA**

"Para impedir que pensamientos infelices y trágicos se cuelen dentro de ti, llena inmediatamente tu mente con pensamientos creativos y sanos. A intervalos durante el día, practica pensando una serie cuidadosamente seleccionada de pensamientos de paz. Deja que imágenes mentales de las escenas más pacíficas de las que hayas sido testigo atraviesen tu mente como, por ejemplo, la luz plateada de la luna que cae sobre las aguas ondulantes, o el mar lavando suavemente las blancas arenas. Estos pensamientos de imágenes de paz actuarán en tu mente como un medicamento sanador. Para obtener paz mental, llena tu conversación personal y en grupos con expresiones positivas, felices, optimistas y satisfactorias."[20]

Algo que a mí me sirve es reemplazar los pensamientos y escribir en papelitos pasajes de la Biblia que me dan aliento, fuerza, certeza y esperanza, además de todas las frases que les he escrito en la sección "Programo mi mente". Por ejemplo: "Tú guardarás en completa paz a aquel cuyo pensamiento en ti persevera; porque en ti ha confiado" (Isaías 26:3, RVR60). "Aunque ande en valle de sombra de muerte, no temeré mal alguno, porque tú estarás conmigo" (Salmo 23:4, RVR60). Al

---

[20] Peale, Norman V. (2004). *El poder del pensamiento positivo.* Océano.

leerlas, mi mente se calma y mi espíritu se fortalece. Me encanta cómo se siente.

Y ahora te invito a hacer esta meditación:

Señor, gracias porque cada día mi mente se renueva.

Gracias por un nuevo entendimiento.

Gracias por una nueva programación mental.

Declaro que tengo la mente clara, enfocada y con capacidad para memorizar.

Gracias porque mi cerebro ve tu amor en todas mis circunstancias.

Veo posibilidades, veo fe, esperanza y confianza.

Día 17:

JAQUEA TU CEREBRO PARA SENTIRTE MEJOR

DECLARACIÓN

Soy una nueva y mejorada versión de mí mismo/a
(menciona tu nombre).
Me veo, me escucho, me siento, me huelo.
Mi lenguaje es el de este nuevo yo.
Lo celebro y empiezo a fluir en alegría porque en mí
sanaron cosas y otras se acomodaron en mi interior.

¿Acaso no estás harto/a de sentirte cómo te sientes? Imagínate cómo se siente tu cerebro; lo has sometido a varios estados emocionales, y ha pasado mucho tiempo produciendo bioquímica de cortisol: enojado, estresado y desilusionado; sintiendo miedo, dudas, incertidumbre, desamor, tristeza, dolor. Ahora es tiempo de movernos a un estado emocional diferente.

Quisiera comenzar este día explicándote algunos conceptos importantes que te ayudarán a renovar tu poder. ¿Sabías que la programación neurolingüística (PNL) maximiza el poder de tu cerebro, y la neurociencia se agrega para que, en verdad, tu cerebro adquiera poder?

La neurociencia estudia el cerebro. Conocer lo que ocurre en este a nivel químico te ayudará a tomar mejores decisiones para tu salud mental. Primer punto: cuando el cerebro se pone alerta (por estrés, miedo, enojo, frustración, etc.), segrega un neurotransmisor llamado cortisol que, en dosis excesivas, maximiza el poder de nuestro cerebro.

Ejemplos de situaciones cotidianas que segregan cortisol son gritarles a tus hijos, acosar a tu pareja o a otras personas en redes, comer azúcar y/o alimentos chatarra en exceso, tener muchos pensamientos negativos, andar a la carrera, no terminar las actividades, reclamar, pelear, etc.

Por supuesto que en ocasiones nos pasa, pero lo importante es estar conscientes de que, a nivel químico, nuestro cerebro está teniendo un cambio que no favorece una reprogramación mental. Cuando eso sucede, hay que actuar para cambiarlo.

Es importante que realices actividades que segreguen a diario neurotransmisores del placer, como dopamina, serotonina, oxitocina y testosterona, entre otros; es decir, acciones que te hacen sentir bien, libre, alegre, en paz: acciones de amor propio y de éxito.

Tu cerebro pasó mucho tiempo sintiéndose mal, produciendo bioquímica de cortisol, frustrado, con incertidumbre, enojado, triste, deprimido. Ahora es tiempo de movernos a un estado emocional diferente. Cada vez que te sientas como antes, da un brinco, salta, báñate, toma agua, lávate la cara, pon música, levántate y camina hacia otro cuarto. Recuerda que la técnica de "haz un movimiento" es la manera de jaquear tu cerebro. Le hacemos creer que hemos cambiado, y lo que estamos haciendo es resignificar la situación.

EJERCICIOS

Vamos a enlistar las acciones que a diario pudieran estresarnos, y veremos la posibilidad de eliminarlas y/o sustituirlas.

Ejemplo:

Estrés

Eliminación / sustitución:

Elimino dormirme tarde.

Lo sustituyo si me levanto 30 minutos antes y actúo con calma.

_____   _____
_____   _____
_____   _____
_____   _____

En una segunda lista, anota lo que, por lo pronto, has elegido cambiar. A continuación, emprenderás alguna acción para generar un antídoto en tu cerebro.

Ejemplo:

ESTRÉS:

Reaccionas de mala gana.

ANTÍDOTO:

Voy a relajarme y estar más conectado/a conmigo y con el presente.

¡Vamos a darle dopamina al cerebro! Canta mientras estás manejando, mientras estás bañándote, mientras estás en tu casa, en tu trabajo, etc.

¡Canta!

¡Baila!

¡Ríe!

Comparte en las redes sociales fotos de ti produciendo dopamina.

"Cuando ya no podemos cambiar la situación, tenemos
el desafío de cambiarnos a nosotros mismos".

—VICTOR FRANKL

Programo mi mente

Soy una nueva y mejorada versión de mí mismo/a (menciona
tu nombre). Me veo, me escucho, me siento, me huelo. Mi lenguaje es el de este nuevo yo. Lo celebro y empiezo a fluir con
alegría porque cosas en mí sanaron, y otras se acomodaron en
mi interior.

Y ahora te invito a hacer esta meditación:

Gracias, Señor, porque me recuerdas lo que dice tu palabra:
"Mis pensamientos no son los pensamientos de ustedes, ni son
sus caminos mis caminos. Así como los cielos son más altos que
la tierra, también mis caminos y mis pensamientos son más altos que los caminos y pensamientos de ustedes" (Isaías 55:8-9,
PDT). Gracias porque me recuerdas que tienes planes extraordinarios para mi vida.

Día 18:

_____

SOLTAR ME HACE BIEN: CERRANDO CICLOS

DECLARACIÓN

Sí, pasó, pero ya pasó.

*"Algunas personas piensan que aferrarse a las cosas
los hace más fuertes, pero a veces se necesita más fuerza
para soltar que para retener".*
—HERMANN HESSE

¡A vaciar las mochilas! Llegamos hasta aquí. Hoy te toca aligerar esa mochila emocional que por años has llevado a la espalda, un peso extra que no te corresponde. Es tiempo de vaciarla, y lo haremos cerrando aquellos ciclos que formaron parte de nuestra vida. Como dice Paulo Coelho, se trata de cerrar ciclos, cerrar etapas. La vida es siempre hacia adelante. Necesitas dar vuelta a la hoja, cerrar la puerta y despedirte.

Cerrar ciclos se refiere a decir adiós a personas, relaciones, cosas, proyectos que ya no nos hacen bien o que ya cumplieron su propósito en nuestra vida y, por lo tanto, es natural que se dé un duelo al hacerlo. Por eso, es necesario permitirnos vivir esa tristeza que traen los finales y despedirnos de esa realidad que está por desaparecer. La mejor manera de hacerlo es construir un lindo recuerdo de lo vivido.

Los ciclos no se cierran solo para evitar pensar en ellos. Lo mejor es repasar, paso a paso, cada una de las vivencias que formaron parte de ese proceso; identificar el comienzo, los momentos más relevantes y las sensaciones que experimentamos. De esta manera, te permites hacer un balance, una evaluación tanto de los hechos positivos como de los negativos que hubo en dicho ciclo. ¿Qué aprendiste y qué te faltó asimilar en ese proceso de aprendizaje que llevamos a cabo las personas todos los días? ¿Qué aportaron esas experiencias a nuestro conocimiento y cómo contribuyeron a nuestras limitaciones?

Realmente, esa es la mejor manera de soltar. Si vas a soltar, bienvenida la emoción de la tristeza y del dolor. Haremos un manifiesto de cierre de ciclo con aquellas personas, relaciones, hechos, situaciones, proyectos, trabajo, casa, país, ciudad que ya cumplieron su propósito. Ahora es momento de dejar ir. Te sugiero escribir una carta para cada una de esas situaciones, personas, o cosas. Te animo a que redactes dos cartas por día para que te vacíes de todo lo que representa el pasado, sueltes emociones y te llenes de aire fresco para todo lo nuevo y precioso que tu vida tiene por delante. Así cargarás las pilas para seguir con este *detox*.

"Retener es creer que solo existe el pasado;
dejar ir es saber que hay un futuro".

—DAPHNE ROSE KINGMA

EJERCICIO

Te daré un ejemplo de cierre de ciclo; no obstante, este es opcional, ya que tú puedes hacerlo con tus propias palabras. Se vale gritar, llorar y dejar que tus emociones fluyan.

Confía en el proceso; mis palabras escritas te acompañan, toman vida y fuerza y te liberan mientras las lees.

Querido _____,

En esta carta expreso lo que me faltó decir

_____

_____

_____

_____

En ese tiempo me sentí

_____

_____

_____

_____

Te reclamo el haber

_____

_____

_____

_____

Me siento enojado/a por

_____

_____

_____

_____

Por ello agradezco que
Te perdono y me perdono

_____

_____

_____

_____

Y, si descubres que no hay nada que perdonar, te libero y me libero para que ambos ocupemos ese espacio que deseamos.

Te devuelvo tu libertad y recojo la mía.

Ni te debo ni me debes, estamos totalmente en paz.

Hoy se cierra un ciclo en mi vida y comienza una nueva historia.

Te bendigo

_____

_____

_____

Sinceramente Yo _____ (y firmas tu manifiesto).

(Añade tu nombre, firma, y fecha)

Programo mi mente

Cada vez que se te venga un pensamiento negativo, sustitúyelo a la brevedad por "Esto ya cumplió su propósito en mi vida". Lo que realmente deseo es:

_____

_____

_____

_____ ".

(Escríbelo en positivo. Por ejemplo: vivir en paz, ser feliz, etc.).

> "Dejar ir significa darse cuenta de que algunas personas forman parte de tu historia, pero no son tu destino".
> —STEVE MARABOLI

Todo vale la pena, pues somos quienes somos gracias a lo que hemos vivido; somos quienes somos por aquello que algunas otras personas dejaron en nosotros. Pero somos absolutamente quienes somos. Gracias a aquello que hemos perdido, a eso que ya no está con nosotros. Es mentira que tenemos que cargar con cada cosa que hemos querido y valorado. Es mentira que debemos seguir adelante con todo lo de antes, con todo lo que ya no está. Muchas veces la vida está relacionada con soltar aquello que una vez nos salvó, soltar las cosas a las cuales nos aferramos intensamente, creyendo que tenerlas es lo que nos va a seguir salvando de la caída.[21]

Agradece al pasado lo que te enseñó. Hoy estás listo/a para dar los pasos necesarios hacia el futuro que te mereces y que es perfecto para ti. Deja ir todo lo vivido con amor y agradecimiento. Llénate de entusiasmo, esperanza, fe, y haz espacio para recibir lo nuevo en tu vida. Solo cuando sueltes el pasado, podrás abrir y ver el mundo de nuevas posibilidades que hay delante de ti. Y si, en algún momento, ese pasado quiere regresar o te encuentras con ese diálogo interno, pensando en aquella persona o en aquella relación, repite: "Eso ya fue; soltar me hace bien". Despídete de aquello que ya cumplió un propósito en tu vida. Construye contigo mismo desde tu presente la vida que anhelas y deseas vivir.

> "Cuando perdonas, no cambias el pasado,
> pero cambias el futuro".
> —**BERNARD MELTZER**

Hay que vaciarse para poder llenarse. Una taza, como dice Krishnamurti, solo sirve cuando está vacía. No sirve cuando está llena; no hay nada que se le pueda agregar.

---

[21] http://testicanzoni.mtv.it/testi-Mt.-Church-feat.-Jorge-Bucay_29185933/testo-Soltar-y-Deja-Ir-48371665

Y ahora te invito a hacer esta meditación:

Señor, gracias por un nuevo comienzo para mí. Recuerdo que dices en tu Palabra que "las cosas viejas pasaron y hoy todas son hechas nuevas". Hoy tomo la determinación de soltar, cerrar y bendecir, e iniciar una nueva temporada hermosa en mi vida. Gracias, gracias y gracias.

Día 19:

¿DESDE QUÉ LUGAR QUIERES VIVIRTE?

DECLARACIÓN

El lenguaje crea mi realidad.

"Es muy importante entender que la inteligencia emocional no es lo opuesto a la inteligencia, no es el triunfo del corazón sobre la cabeza, es la intersección de ambas".

—DAVID CARUSO

Los estados emocionales producen estados de conciencia, se miden en el cuerpo y tienen un nivel de frecuencia. *My head exploded!* (como dicen los estadounidenses, "mi cabeza explotó"). Eso hizo resonar todo en mi interior. Estando en un curso me explicaron una gráfica que mostraba el impacto de las emociones y cómo es que producen una frecuencia en nuestro cuerpo.

En los últimos tres años he diseñado sistemas y procesos biopsiconeuronales para reemplazar pensamientos, modificar el lenguaje y cambiar la bioquímica del cerebro a través de PNL. Pero esto era más profundo, ya que la gráfica hablaba sobre los estados de conciencia, no de estados emocionales. Cuando salí del curso, tenía ganas de leer e investigar más profundamente. En la medida en que fui ahondando en el tema, era como si hubiera accedido a una fuente de tesoro.

Se llama el Mapa de la Conciencia, creado por David R. Hopkins, doctor en Medicina, psiquiatra, psicoanalista, investigador, filósofo y autor de varios libros. Este hombre descubrió que, a través de la kinesiología, se puede medir el nivel de frecuencia en el cuerpo de una persona y también el nivel de conciencia. La kinesiología, conocida también bajo el nombre de *quinesiología*, es una ciencia que adopta su nombre de la conjunción de dos palabras de origen griego: por un lado, *kinesis*, que significa *movimiento*, y *logos*, que significa *tratado*. Por esta razón, podemos definir la kinesiología como la ciencia que estudia el movimiento humano, valiéndose de la utilización de principios generales que rigen las ciencias físicas. Por esto se reconoce como un estudio multidisciplinario. La función de la kinesiología es, en un principio, comprender y restaurar la salud del sistema neuromuscular.

El estudio de la kinesiología recibió atención científica por primera vez en la segunda mitad del siglo pasado gracias a los trabajos del doctor George Goodheart, pionero de la especialidad a la que él mismo denominó *kinesiología aplicada*, tras haber descubierto que los estímulos físicos benignos —por ejemplo, los suplementos nutricionales beneficiosos— incrementan la fuerza de ciertos indicadores musculares, mientras que los estímulos hostiles hacen que esos mismos músculos se debiliten de repente. Esto implica que, en un nivel situado muy por debajo de la conciencia conceptual, el cuerpo *sabe* y, mediante las pruebas musculares, es capaz de señalar lo que es bueno o malo para él. A Diamond le debemos el asombroso descubrimiento de que los músculos indicadores se fortalecen o se debilitan en presencia de estímulos emocionales e intelectuales positivos o negativos, así como ante estímulos físicos. Una sonrisa hace que el resultado de la prueba sea un músculo fuerte, mientras que la declaración "te odio" provoca un músculo débil.

Un aspecto sorprendente de la investigación de Diamond fue la uniformidad de las respuestas de sus sujetos. Los resultados eran predecibles, repetibles y universales. Esto era así, aunque no hubiera vínculo racional entre el estímulo y la respuesta. Por razones totalmente indeterminadas, ciertos símbolos abstractos hacían que todos los sujetos dieran "débil" en la prueba, y otros conseguían justo lo contrario. Algunos de los resultados lo dejaron perplejo: ante ciertas imágenes, sin un contenido declaradamente positivo ni negativo, todos los sujetos daban "débil" en la prueba, mientras que otras imágenes *neutrales* hacían que todos dieran "fuerte". Algunos resultados alimentaban notables conjeturas: mientras que prácticamente toda la música clásica y la mayor parte de la música pop (incluyendo el rock and roll clásico) producían una respuesta universalmente fuerte, el rock duro o metálico, que empezó a popularizarse a finales de los años 70, producía una respuesta débil. Diamond detectó otro fenómeno, aunque no dedicó un análisis más profundo a sus extraordinarias consecuencias: los sujetos que escuchaban cintas en las que se relataban engaños bien conocidos —aunque los locutores parecieran decir la verdad y sonaran convincentes— daban el resultado "débil" en la prueba. Y, cuando escuchaban grabaciones de enunciados demostrablemente verdaderos, todos obtenían un resultado "fuerte". Este fue el punto de partida del autor de esta obra, el conocido médico y psiquiatra David R. Hawkins. En 1975, el doctor Hawkins empezó a investigar la respuesta kinesiológica a la verdad y a la mentira.

Empecé a someter a la prueba kinesiológica diversas sustancias, pensamientos y conceptos, y pedí a mis alumnos y ayudantes de investigación que hicieran lo mismo. Entonces noté algo extraño: aunque todos los sujetos se mostraban débiles al ser sometidos a estímulos negativos (como luces fluorescentes, pesticidas y edulcorantes artificiales), los estudiantes de disciplinas espirituales que habían desarrollado su nivel de conciencia no daban "débil" en las pruebas como los demás. Aparentemente, algo importante y decisivo había cambiado en la conciencia de estos sujetos al darse cuenta de que no estaban a merced del mundo, sino que más bien solo eran afectados por lo que creía su mente. Tal vez podría demostrarse que el proceso mismo de progresar hacia la iluminación incrementaba la capacidad humana de resistir la mutabilidad de la existencia. Me sorprendía cada vez más la capacidad de cambiar las cosas en el mundo por el mero hecho de visualizarlas. Vi que el amor transforma el mundo cada vez que reemplaza a la falta de amor.

Me fascinó esta investigación. De ahí surgió el mapa de conciencia. Somos seres tripartitos formados por espíritu, alma y cuerpo. Lo que le afecta a uno afecta al otro. Nuestro estado de conciencia y de la frecuencia en nuestro cuerpo depende de las palabras que hablamos sobre nosotros mismos, de las creencias que tenemos acerca de nuestros límites, de las ideas, pensamientos y lenguaje que emitimos constantemente. Viene a mi mente la escritura que dice que en nuestra boca está el poder de la vida y de la muerte; si hablas vida sobre tu mente, se reflejará en tu frecuencia física, llamada *energía fuerza*.

Nuestro lenguaje crea nuestra realidad; nuestro lenguaje no solo comunica, sino que además crea nuestros estados de consciencia.

EJERCICIOS

¿Cómo están tus diálogos internos, las conversaciones contigo mismo?

_____

_____

_____

_____

¿Cómo te hablas? ¿Te dices palabras de poder, de fe, de esperanza, de optimismo?

_____

_____

_____

_____

_____

¿Te dices palabras de muerte y miseria sobre tus proyectos, sobre tus relaciones? Eso reflejarás y lo manifestarás.

_____

_____

_____

_____

_____

Te animo a que te determines hablarte bonito. ¡Habla poder sobre ti!

¿Desde qué lugar quieres vivir tu vida?

_____

_____

_____

_____

¿Desde qué lugar quieres vivir tu relación?

_____

_____

_____

_____

¿Desde qué lugar quieres vivir tu paternidad?

_____

_____

_____

_____

¿Desde qué lugar quieres vivir tu profesión u oficio?

_____

_____

_____

_____

Cuando hablamos de conciencia, cabe aclarar lo que dice el *Diccionario panhispánico de dudas*, de la Real Academia Española y la Asociación de Academias de la Lengua Española (Bogotá: Santillana, 2005).

Conciencia, con *c*, significa "reconocimientos en ámbitos de ética y moral": conciencia del bien y el mal. *Consciencia*, con *s*, alude a la capacidad del ser humano para percibir la realidad y reconocerse en ella. Aunque, de acuerdo con mi concepción cristiana, nuestra conciencia es la capacidad que tenemos para determinar cómo son nuestros actos de acuerdo con nuestros principios. En mi conciencia habita Dios, quien nos formó como seres libres capaces de decidir lo mejor para nuestra vida y para la de quienes nos rodean.

La tabla se divide en dos: los estados de conciencia de alto impacto, que producen emociones de alto impacto y, por consecuencia, estados emocionales altos. Su frecuencia y calibración es alta. Si tu diálogo interno habla de amor y ayuda al prójimo, de bienestar para ti y para los demás, de perdón, de tener una mejor actitud, de vivir desde la paz y soltar todo control; si estás dispuesto a fluir sin aferrarte porque las cosas no se dan… Cuando con tu poder reconoces esos dones hermosos y sabes que hay una protección divina rodeándote, amándote, cuidándote y protegiéndote; cuando una voz divina te susurra al oído: "¡Estoy contigo! ¡No temas!", caminas durante el día sintiendo la presencia de Dios Padre. El estado de conciencia se eleva porque allí nos rendimos a Él y renunciamos a hacer nuestra voluntad y deseamos hacer la suya porque sabemos que es buena, agradable y perfecta, como lo son el amor, la paz, la gratitud, el entendimiento, la aceptación y la valentía.

En la otra mitad de la tabla descrita están los estados de conciencia de bajo impacto. Estos producen emociones de bajo impacto y, por consecuencia, estados emocionales de bajo impacto, y su frecuencia y calibración son de bajo impacto también. ¿Cómo se producen? Se producen cuando la narrativa de tu diálogo interior tiene esa vocecita fastidiosa que te regaña por no haber hecho algo, reprochando, criticando, haciéndote sentir inadecuado, insuficientes y que nada te sale bien. Cuando solo estás enfocado en lo que no tienes, en lo que te falta, pasas horas anhelando tener esa casa que no tienes o hacer ese viaje que te hará feliz. Vives tu vida desde la carencia de lo que no tienes. Visualizas tu vida desde un lugar de víctima, desde el niño interior herido. Si observas desde esa posición, tu estado de conciencia estará muy bajo, y tu calibración en el cuerpo será débil, baja, sin ganas, sin ánimo. Por ejemplo, de acuerdo con el mapa de conciencia del doctor R. Hawkins, dicha conversación interna te producirá los siguientes estados: exigencia, odio, anhelo, miedo, apatía, culpa, vergüenza.

FRUTO DEL ESPÍRITU	ESTADO DE CONCIENCIA	FRECUENCIA	EMOCIÓN	DIÁLOGO INTERNO DESDE EL QUE VIVO	VISIÓN DE LA VIDA
Ser	Iluminación	700-1000	Inefable-Indescriptible	Me siento guiado por Dios	Perfecto
Paz	Paz	600	Dicha	Qué belleza es estar vivo	Completo
Gozo	Alegría	540	Serenidad	Me siento agradecido por todo	Abundante
Mansedumbre	Gratitud	510	Contentamiento	¿En qué puedo ayudarte?	Benigno/Bueno
Amor	Amor	500	Pleno/Inspirado	Estoy bien	Significativo
Benignidad	Entendimiento	400	Comprensión	Doy la bienvenida a:	Armoniosa
Paciencia	Aceptación	350	Perdón	Estoy dispuesto a:	Esperanzadora
Bondad	Buena voluntad	310	Optimismo	Está bien si pasa o no	Satisfactoria
Templanza/Dominio propio	Neutralidad	250	Confianza	Yo lo puedo lograr	Factible
Fe	Valentía	200	Determinación/Decisivo		
Soberbia	Exigencia/Orgullo	175	Desprecio	Tienes que hacer esto por mí...	Demandante
Ira/Vengativo/Rivalidad/División	Enojo	150	Odio/Ira	Lo que hiciste/hice estuvo mal. No soporto que...	Enemigo/Rival/Contrario*
Celos/Envidia/Impureza sexual	Deseo	125	Codicia-Envidia	Para ser feliz necesito...	Decepcionante/Esclavitud
Temor	Miedo	100	Ansiedad	¿Y si...?	Aterrorizante
	Pena/Sufrimiento	75	Arrepentimiento	No hay solución	Trágica
Vivir desde el ego, desde los deseos de la carne	Desidia/Apatía	50	Desesperación	¡Ya para qué!	Desesperanzadora
	Culpa	30	Culpa/Falto por hacer	Si hubiera...	Maligna
	Vergüenza	20	Humillación/Algo no está bien en mí	Hay algo malo en mí... Me siento indigno	Miserable

Mapa de conciencia del Dr. R. Hawkins, modificado por la autora, con algunas premisas de Alejandra Llamas y Marisa Gallardo.

← Vivir desde el poder de tu espíritu   Vivir desde el ego, desde los deseos de la carne →

¿Qué hacer para moverte de un estado de enojo al amor? Modificar tu lenguaje y tu pensamiento; remplazar tu diálogo interior de fracaso por palabras de ánimo y valoración que te ayuden a enfrentar cada situación de la vida. Aprendamos a vivir saludablemente con el otro. Esta tabla me ayudó a visualizar esos días en que funcioné en piloto automático y a cuestionarme hacia dónde estoy proyectando mi día y, junto con este, mi vida. ¿Desde qué lugar de conciencia quiero vivir mi día a día?

Elegí vivir mi día a día desde la paz. Cada vez que surge una situación, me cuestiono: ¿estoy dispuesta a perder mi paz por querer tener la razón?, ¿estoy dispuesta a perder mi paz por unirme a una conversación o discusión sin sentido?

¡Es tarea de un día a la vez!

Debo rendir todo de mí, rendir mi voluntad a Dios y permitir que Él sea en mí. Vienen a mi mente las palabras de Pablo: "Bástate mi gracia porque mi poder se perfecciona en ti porque, cuando eres débil, entonces eres fuerte". Tenemos todo el conocimiento de cómo trabaja nuestra psique. Tenemos el poder transformador de su presencia. Empecemos a codiseñar y a coproducir nuestra vida. Y utilizo el prefijo *co* porque es juntamente con Dios cómo podremos alcanzar los sueños y propósito de nuestra existencia. Merecemos vivir una vida hermosa.

EJERCICIOS

Ahora te toca a ti responder:

¿Desde qué lugar de conciencia quieres vivir? Ve al mapa de conciencia, (el gráfico que está arriba), observa la columna que dice "Estado" y elige:

Programo mi mente

Cada vez que venga a ti un pensamiento de dolor, sustitúyelo en ese momento por "Ahora mi atención y mi energía la enfoco en:

_____

_____

_____

_____ ".

(Escribe en estas líneas aquellos pensamientos con los que deseas reemplazar la memoria dolorosa. Escribe en positivo. Al cerebro hay que darle instrucciones específicas. Vive, sana, siente libertad, alegría y paz en tu corazón. Repítelo tantas veces al día como sea necesario.

Y ahora te invito a hacer esta meditación:

¡Señor, gracias por hablar a mi vida!

Declaro que mi mente está lista para recibir el tesoro hermoso de vivir en ti, en tu presencia, en tu voluntad. Me rindo, rindo mi voluntad a ti y anhelo vivir en ti porque tú me infundes paz, y amor. Declaro que hoy empiezo hablar vida, fe, esperanza, amor, destino, alegría sobre mi vida, en el nombre de Jesús. "Por tanto, les digo: Todo lo que pidan en oración, crean que lo recibirán, y se les concederá" (Marcos 11:24. RVC).

Día 20:

ME ELIJO: RETOMANDO MIS SUEÑOS

DECLARACIÓN

Mis mejores días los empiezo a caminar.
Entreno cerebro y mente solo para escuchar "sí".
A partir de ahora se abren a nuevas posibilidades
porque, al que cree, "todo le es posible".
Me entusiasma crear la mejor temporada de mi vida.

Anhelaba tener más tiempo libre para poder escribir e investigar. Eso implicaba dejar la consulta privada, así que pensé en trasladar mis cursos a la modalidad en línea y solo quedarme con un par de días de consulta. En el 2018 tomé un curso de mentoría privada, junto con un grupo de emprendedores *Master Mind*, con la Coach del Corazón Bárbara de la Rosa, pues quería aprender cómo lanzar mis cursos en línea. Ella decía que cada prioridad hay que convertirla en meta, y ese concepto y esa motivación me encantaron, así que, ¡manos a la obra!

Vayamos a la acción e imagínate en tu mejor versión. Cada prioridad se transforma en meta y la conviertes en una meta anual. Esa meta anual divídela en cuatro y conviértela en cuadrantes. Dividiremos cada cuadrante en pequeñas acciones.

EJERCICIOS

Escribe tus prioridades para el año y para el resto del semestre. ¿Qué sueño estás por retomar?

_____
_____
_____
_____

Escribe cómo te ves en tu mejor versión.

_____
_____
_____
_____
_____

Escribe cinco prioridades para este año. ¡Pongamos a trabajar nuestro cerebro! Incluye el área emocional, familiar, profesional, espiritual, de salud física, de placer, etc.

1) Mi prioridad es: _____
   _____
   _____.

2) Mi prioridad es: _____
   _____
   _____.

3) Mi prioridad es: _____
   _____
   _____.

4) Mi prioridad es: _____
   _____
   _____.

5) Mi prioridad es: _____

_____

_____.

Lo que yo realmente quiero es:

_____

_____

_____

_____

Lo que hoy decido hacer es:

_____

_____

_____

_____

Me determino a hacer:

_____

_____

_____

_____

Quiero compartir contigo que este cuadrante me ayudó a aterrizar mis proyectos, y que el libro que tienes en las manos es el resultado de dicho ejercicio. Cada prioridad se transforma en una meta. A su vez, cada meta la divido en cuatro, y luego divido cada cuadrante en pequeñas acciones.

Vamos a la parte práctica

Enero-Febrero	Marzo-Abril
Escribe las pequeñas acciones que harás para cumplir tus prioridades descritas arriba.	
Mayo	

Junio-Julio	Agosto-Septiembre
Octubre-Noviembre	Diciembre

Programo mi mente

Repite las veces que sea necesario durante el día: "Estoy creando el mejor año de mi vida. Enfocaré mis pensamientos, palabras y acciones en crear cosas grandiosas".

Cada vez que te encuentres con un pensamiento de desánimo, repite: "Me entusiasma crear la mejor temporada de mi vida".

Y ahora te invito a hacer esta meditación:

Señor, Tú hablaste, y fue hecho, y pusiste el poder de la vida y de la muerte en mi lengua. Declararé vida sobre mi día: éxito, prosperidad, abundancia, sabiduría, emociones sanas, vínculos sanos. Que tu Espíritu Santo, tu visión y tu amor estén siempre sobre mi vida. Concédeme la capacidad de oír tus ideas creativas, tus contactos para que cada día pueda ser más fructífero y productivo. Declaro bendición sobre cada día de este año.

Día 21:

UN NUEVO COMIENZO...

¡Felicidades! Terminaste tu *detox* de 21 días. Te diste cuenta de que, cuando anhelas algo, con perseverancia puedes lograr lo que tu corazón desea.

Huele a victoria, huele a triunfo, huele a nuevos comienzos. Estás a un pensamiento de convertirte en la mejor versión de ti mismo. Estás a una decisión de producir el estado emocional y de conciencia que quieras. Te recuerdo que tienes el poder de crear pensamientos en tu mente que manifiesten vida, libertad, paz amor, armonía, abundancia.

Tienes el poder; no permitas que las exigencias ni los *deberías* roben fuerza de tu interior. Tienes el poder de crear la vida que quieres y de estar por gusto donde quieres, con quien quieres y porque quieres. Es tiempo de regresar a tu poder, a ti, de llenarte de la presencia de Dios Padre y dejarte sorprender. Hoy, un nuevo camino se está abriendo para ti y descubrirás el *sincrodestino*, esas *diosidencias,* como fue haber encontrado este libro.

Seguramente te preguntes: "Y ahora, ¿qué sigue?".

Tenemos dos opciones en esta vida: crear la vida que deseamos vivir, o ser víctimas de nuestras circunstancias y vivir con la creencia de que no había más para nosotros.

Lo que sigue es caminar hacia adelante, construir, edificar, crear y producir la forma en que anhelas vivir la vida que te está esperando con los brazos abiertos. Ahora puedes ir y abrazar la vida y decirle: "¡Aquí estoy, listo/a para vivir mi momento estelar!".

Y me gustaría terminar estos hermosos 21 días con un texto del libro *Los cuatro acuerdos*, del doctor Miguel Ángel Ruiz.

El Cielo en la Tierra

Quiero que olvides todo lo que has aprendido en tu vida. Este es el principio de un nuevo entendimiento, de un nuevo sueño.

El sueño que vives lo has creado tú. Es tu percepción de la realidad que puedes cambiar en cualquier momento. Tienes el poder de crear el Infierno y el de crear el Cielo. ¿Por qué no soñar un sueño distinto? ¿Por qué no utilizar tu mente, tu imaginación y tus emociones para soñar el Cielo?

Solo con utilizar tu imaginación, podrás comprobar que suceden cosas increíbles. Imagínate que tienes la capacidad de ver el mundo con otros ojos siempre que quieras. Cada vez que abres los ojos, ves el mundo que te rodea de una manera diferente.

Ahora, cierra los ojos, y después, ábrelos y mira.

Lo que verás es amor que emana de los árboles, del Cielo, de la luz. Percibirás el amor que emana directamente de todas las cosas, incluso de ti mismo y de otros seres humanos. Aun cuando estén tristes o enfadados, verás que, por detrás de sus sentimientos, también envían amor.

Quiero que utilices tu imaginación y la percepción de tus nuevos ojos para verte a ti mismo viviendo un nuevo sueño, una vida en la que no sea necesario que justifiques tu existencia y en la que seas libre para ser quien realmente eres.

Imagínate que tienes permiso para ser feliz y para disfrutar de verdad de tu vida. Imagínate que vives libre de conflictos contigo mismo y con los demás.

Imagínate que no tienes miedo de expresar tus sueños. Sabes qué quieres, cuándo lo quieres y qué no quieres. Tienes libertad para cambiar tu vida y hacer que sea como tú quieras. No temes pedir lo que necesitas, decir que sí o que no a lo que sea o a quien sea.

Imagínate que vives sin miedo a ser juzgado por los demás. Ya no te dejas llevar por lo que otras personas puedan pensar de ti. Ya no eres responsable de la opinión de nadie. No sientes la necesidad de controlar a nadie y nadie te controla a ti.

Imagínate que vives sin juzgar a los demás, que los perdonas con facilidad y te desprendes de todos los juicios que sueles hacer. No sientes la necesidad de tener razón ni de decirle a nadie que está equivocado.

Te respetas a ti mismo y a los demás, y a cambio, ellos te respetan a ti.

Imagínate que vives sin el miedo de amar y no ser correspondido. Ya no temes que te rechacen y no sientes la necesidad de que te acepten. Puedes decir "te quiero" sin sentir vergüenza y sin justificarte.

Puedes andar por el mundo con el corazón completamente abierto y sin el temor de que te puedan herir.

Imagínate que vives sin miedo a arriesgarte y a explorar la vida. No temes perder nada. No tienes miedo de estar vivo en el mundo ni tampoco de morir.

Imagínate que te amas a ti mismo tal como eres. Que amas tu cuerpo y tus emociones tal como son.

Sabes que eres perfecto tal como eres.

La razón por la que te pido que imagines todas estas cosas es porque ¡son todas totalmente posibles!

Puedes vivir en un estado de gracia, de dicha, en el sueño del Cielo. Pero, para experimentarlo, en primer lugar, tienes que entender en qué consiste.

Solo el amor tiene la capacidad de proporcionarte este estado de dicha. Es como estar enamorado.

Flotas entre las nubes. Percibes amor vayas donde vayas. Es del todo posible vivir de este modo permanentemente. Lo es porque otros lo han conseguido y no son distintos de ti. Viven en un estado de dicha porque han cambiado sus acuerdos y sueñan un sueño diferente.

Una vez que sientas lo que significa vivir en estado de dicha, lo adorarás. Sabrás que el Cielo en la Tierra existe de verdad. Una vez que sepas que es posible permanecer en él, hacer el esfuerzo para conseguirlo solo dependerá de ti. Hace dos mil años, Jesús nos habló del Reino de los Cielos, del Reino del Amor, pero no había casi nadie preparado para oírlo. Dijeron: "¿A qué te refieres? Mi corazón está vacío, no siento el amor del que hablas, no siento la paz que tú tienes". Eso no es necesario. Solo imagínate que su mensaje de amor es posible y descubrirás que es tuyo.

El mundo es precioso, es maravilloso. La vida resulta muy fácil cuando haces del amor tu forma de vida.

Es posible amar todo el tiempo si uno elige hacerlo. Quizá no tengas una razón para amar pero, si lo haces, verás que te proporciona una gran felicidad. El amor en acción solo genera felicidad. El amor te traerá paz interior. Transformará tu percepción de todas las cosas; puedes ver todo a través de los ojos del amor, porque el amor echa fuera todo temor.

Cuando vives de esta manera, la bruma de tu mente se disipa y el mitote desaparece para siempre.[22]

---

[22] Del libro *Los cuatro acuerdos*, Doctor Miguel Ruiz.

Y ahora te invito a hacer esta meditación:

Padre hermoso, lléname de tu amor para que pueda fluir con amor en tu vida. Hoy abro mi corazón y te invito a que entres y seas el Señor de mi existencia. ¡Gracias! Ahora siento tu abrazo, tu amor y tu presencia. Respiro vida, independencia, poder, respeto, paz, alegría y armonía. Declaro que la paz se estaciona en mi mente y la fe cobija mi corazón. Empiezo a caminar en mi propósito, en mi vida.

Bibliografía

Barolin, Federico (2020). *Piense y Baje de peso*. Hojas del Sur.

Bradshaw, John (2006). Volver a la niñez. Selector

Bucay, Jorge; Bucay, Demian (2016). El difícil vínculo entre padres e hijos. Océano.

Byron, Katie (2010). *Amar lo que es*. Ediciones Urano

De la Rosa, Bárbara (2018). *Detox 365. Entrenando el corazón*. Curso en línea, PDF.

De la Rosa, Bárbara (2018). *Detox emocional. Vibrando en amor*. Curso en línea, PDF.

Faur, Patricia (2014). *No hay nada sin tu amor*. Ediciones B.

Forward, Susan (2018). *No se obsesione con el amor*. Craig Buck.

Gallardo Rincón, Laura (2017). *Cariñoterapia que sana y vincula*. Prekop Editorial.

Gallardo Rincón, Laura; Beck, Ana. *Así fluye el amor*. Editorial Pax México.

Gallardo Rincón, Laura *El abrazo que lleva al amor*. Editorial Pax México.

Gilbert, María; Shmukler, Diana (2000). *Terapia de pareja*. Manual Moderno.

Hawkins, David. R. (2020). *Disolver el ego. Extractos de las enseñanzas de David R. Hawkins*. Edición El Grano de Mostaza.

Hellinger, Bert (2016). *Órdenes del amor.* Herder.

Herman, Judith (1992). *Trauma and Recovery.* Basic Books.

Luber, Marylin (2009). *Eye Movement Desensitization and Reprocessing (EMDR) Scripted Protocols: Basics and Special Situations.* Springer Publishing Publicity. Llamas, Alejandra (2018). *Libérate.* Ediciones Grijalbo.

Llamas, Alejandra (2012). *El arte de conocerte.* Ediciones Random House.

Nenninger, Miriam (2016). *Vínculos Adictivos que enloquecen y enferman.* Grupo Caas.

Prekop, Jirina (1991). *El pequeño tirano.* Herder, México.

Ruiz, Miguel (1998). *Los cuatro acuerdos.* Ediciones Urano.

Salinas, Silvia; Bucay, Jorge (2009). *Seguir sin ti.* Ediciones Océano.

Schujman, Alejandro (2020). *No huyo, solo vuelo.* Ediciones Hojas del Sur.

Shapiro, Francine (2012). *Getting Past Your Past: Take Control of Your Life with Self-Help Techniques from EMDR Therapy.* Editorial Rodale Incorporated.

Trim, Cindy (2007). *Declara bendición sobre tu vida.* Casa Creación.

Documentos electrónicos

La Biblia (versión online).

https://psicologiaymente.com/biografias/john-bowlby

https://www.mentesabiertas.org/articulos/publicaciones/articulos-de-psicologia/tipos-de-apego-y-sus-implicaciones-psicologicas.

https://www.vidapositiva.com/hambre-real-vs-hambre-emocional

https://www.cerebetiapsicologospinto.com/2019/10/21/que-son-los-pensamientos-obsesivos-y-como-gestionarlos/

https://www.lanacion.com.ar/opinion/la-adiccion-a-la-etimologia-fantastica-nid1160628/

https://www.cerebetiapsicologospinto.com/2019/10/21/que-son-los-pensamientos-obsesivos-y-como-gestionarlos/

https://www.facebook.com/Historiasqueayudan/posts/577919 652239712/

https://www.vidapositiva.com/hambre-real-vs-hambre-emocional

https://www.researchgate.net/publication/340385520_El_Abrazo_de_la_Mariposa_Metodo_de_Terapia_EMDR_para_la_Autoadministracion_de_Estimulacion_Bilateral

https://www.youtube.com/watch?v=N2ZNtyDJ7yY

https://open.spotify.com/track/5FJhJCcRMImT2U5gNze8Dw?si=cqTAUC1uQimR8pMj6sYCjg

https://designificados.com/kinesiologia/

https://open.spotify.com/track/5FJhJCcRMImT2U5gNze8Dw?si=cqTAUC1uQimR8pMj6sYCjg

Técnica usada por la escritora "Vivir a colores" Tuti Furlán/Youtube. Extraído de *Eye Movement Desensitization and Reprocessing (EMDR) Therapy*, Third Edition: Basic Principles, Protocols, and Procedures, Edition.

Sobre la autora

Miriam Nenninger es autora, conferencista e innovadora en el bienestar emocional y espiritual.

Es fundadora de la Fundación Déjame Ayudarte, una organización sin fines de lucro asentada en Estados Unidos y especializada en temas de prevención, sanación del alma y vínculos familiares.

Es creadora del método *Soul, Mind & Spirit Inner Healing*, que ha ayudado a miles de mujeres y hombres a sanar sus heridas y a manifestar la vida que anhelan.

Es una autoridad en temas relacionados con la mujer, la crianza y la familia. Colabora como consultora privada con los distritos escolares de San Diego, California, impartiendo talleres para padres latinos en la escuela básica, la escuela secundaria y la preparatoria.

Ha escrito y autopublicado tres libros: *Déjame ayudarte a sanar*, *Vínculos Adictivos que enloquecen y enferman* y *Secretos compartidos* (colección de las mejores conversaciones y consejos con los radioescuchas, cuando hacía radio). Además, escribió una colección de cuentos que sanan para niños: "No me toques, me lastimas" (prevención y detección de abuso sexual en niños), "Ya deja de hacerme *bullying*" (prevención del *bullying* en niños), "Me puedo enojar, pero no se vale pelear y pegar" (autorregulación del enojo y violencia) y "Vete Miedo" (manejo del miedo y la ansiedad en niños).

Actualmente imparte una certificación a nivel internacional para *coaches* con su metodología.

Miriam ejerce como *coach* de vida familiar en E.U. Su formación académica incluye: licenciatura en Psicología por la Universidad Regiomontana, en Monterrey, NL, México; especialidad en Terapia familiar sistémica por el Instituto Milton H. Erickson, de Monterrey, NL, Centro de Crecimiento Personal y Familiar S.C.; licenciatura en Teología por la Vision International University, en Ramona, California; máster en Terapia familiar y matrimonial por la National University, en San Diego, California; especialidad en Terapia de contención por el Instituto Prekop, México (en proceso de titulación); certificación como *Life Coach* por la Asociación Federal de Coach, de Los Ángeles, California.

Vive en Chula Vista, California. Ha estado casada por 26 años con Rafael Nenninger y es madre de Paola y Tamara, de 21 años.

Instagram: Miriam Nenninger
Facebook: Miriam Nenninger
WhatsApp: 619-409.98.93
www.miriamnenninger.com